설명 가능한 AI의 허와 실

AI문고

인공지능 시대입니다. 기계가 인간의 인지를 대신하고, 사물이 인간을 통하지 않고 다른 사물과 직접 커뮤니케이션합니다. 이에 따른 인간 삶과 문명 변화를 정확히 이해 · 예측 · 대응하는 것은 이 시대 우리 모두의 과제입니다. AI문고는 인공지능 기술과 환경의 여러 주제를 10가지 키워드로 정리합니다. 관련 개념과 이론, 학계와 산업계의 쟁점, 우리 일상의 변화를 다룹니다. 인간과 기술의 현재, 미래를 세심히 분석합니다.

일러두기

- 인명, 작품명, 저서명, 개념어 등은 한글과 함께 괄호 안에 해당 국가의 원어를 병기했습니다.
- 외래어 표기는 현행 어문규정의 외래어표기법을 따랐습니다. 다만 '딥러닝' 등은 관행을 따랐습니다.

처음이세요?

전문가세요?

설명 가능한 AI의 허와 실

김윤명

대한민국, 서울, 커뮤니케이션북스, 2026

설명 가능한 AI의 허와 실

지은이 김윤명
펴낸이 박영률

초판 1쇄 펴낸날 2026년 1월 30일

커뮤니케이션북스(주)
출판 등록 2007년 8월 17일 제313-2007-000166호
02880 서울시 성북구 성북로 5-11
전화(02) 7474 001, 팩스(02) 736 5047
commbooks@commbooks.com
www.commbooks.com

ISBN 979-11-430-1073-5 03500

책값은 뒤표지에 표시되어 있습니다.

차례

설명 가능한 AI는 실현 가능한가?

논의의 필요와 접근 방식

인공지능 기술의 영향력이 급격히 확장되면서, 인간은 더 이상 그 판단 과정에 직관적으로 접근할 수 없게 되었다. AI가 결정하는 이유를 설명하지 못하는 '블랙박스 문제'는 단순한 기술적 한계를 넘어, 법적 책임과 시민의 권리 실현을 어렵게 만드는 구조적 문제로 떠오르고 있다. 특히 의료, 금융, 교육, 행정 등 인간의 삶에 직결되는 고위험 분야에서 AI의 판단이 이루어질 때, 그 판단의 배경과 기준을 설명할 수 없다면 이는 곧 권리 침해로 이어질 수 있다.

기존의 법 제도는 '이해할 수 있는 판단', '사유의 고지', '설명 의무'를 중요한 권리로 보호해 왔다. 그러나 AI 시스템은 복잡한 통계적 계산과 대량의 학습 데이터 기반으로 작동하기에, 설명의 방식과 구조 자체가 전통적 법 개념과 충돌한다. 법은 결과를 기준으로 책임을 묻지만 AI는 인과 관계를 추적하기 어렵고, 특정한 알고리즘 설계가 왜 그렇게 판단했는지를 파악하기 힘들다.

이러한 상황에서 설명 가능성은 단지 기술적 부가 기능이 아니라 책임 귀속의 전제 조건이며, 민주 사회에서의 정보 기반 자기 결정권을 실현하는 필수 조건으로 기능하게 된다. 설명이 있어야 불복이 가능하고, 차별을 식별할 수 있으며, 제도적 개선을 요구할 수 있다. 다시 말해 설명 가능성은 기술 신뢰성과 사회적 정당성을 연결하는 핵심 고리다.

동시에 설명 가능성은 오해되거나 왜곡되기 쉽다. 기업은 표면적 설명을 제공함으로써 책임을 회피할 수 있으며, 사용자는 기술의 복잡성에 압도되어 설명을 수용하지 못할 수도 있다. 따라서 '설명'이라는 개념이 정확히 무엇을 의미하고, 어떤 수준까지 요구되어야 하는지를 이론적 · 실무적으로 정리할 필요가 있다.

본 논의는 이러한 배경에서 시작된다. 기술적 설명 가능성과 법적 설명 가능성은 동일하지 않으며 둘 사이의 간극을 좁히기 위한 사회적, 법적, 정책적 해석이 필요하다. AI 시대의 설명은 단순한 기술 문서가 아니라 인간의 권리와 신뢰를 구성하는 사회적 텍스트로 기능해야 한다. 우리는 지금 '왜 설명할 수 없는 기술이 설명을 요구받는가'라는 시대적 질문 앞에 서 있다.

이 책은 인공지능 설명 가능성을 단순한 기능적 속성

이 아닌 규범적 구조로 재구성한다. 이를 위해 먼저 설명 가능성이란 무엇인지, 해석 가능성과는 어떻게 다른지, 그리고 AI 설계자 · 이용자 · 피이용자의 각 입장에서 설명이 어떤 의미로 작동하는지를 다각도로 검토한다. 이 과정에서 '모델 내재적 설명'과 '외부 설명', '통계적 설명'과 '사유적 설명' 간의 개념적 차이도 구분된다.

다음으로 설명 의무의 법적 근거와 한계를 분석한다. 이는 국내외 법제, 특히 EU「인공지능법(AI법)」,「일반개인정보보호법(GDPR)」, 우리나라의「개인정보보호법」,「행정절차법」등을 중심으로 설명권이 어떻게 제도화되고 있는지를 비교법적으로 고찰하는 것이다. 단지 존재하는 설명이 아니라, 이해 가능하고 대응 가능한 설명이 법적으로 어떤 의미를 지니는지를 중심에 두고 분석한다.

세 번째 접근 축은 설명 가능성과 책임, 차별, 정당성의 연결이다. 설명이 없으면 책임을 회피할 수 있고, 설명이 있어야만 차별을 식별할 수 있으며, 설명의 수준에 따라 결정의 정당성이 확보될 수 있다는 점을 논리적으로 구성한다. 이는 특히 법적 구제, 소비자 보호, 공공 행정의 정당화 기준과 밀접하게 연관된다.

또한 설명의 기술적 구현 가능성과 경제적 비용, 기업

의 부담, 정보 공개의 한계 등 현실적 요소도 주요 분석 대상이다. 모든 AI가 동일 수준의 설명을 제공할 수 없다는 현실을 고려하여 고위험 AI와 저위험 AI 간 차등 규제, 스타트업의 대응 가능성, 정보 비공개 사유와의 경계 등 실무적 고려 사항을 함께 다룬다.

마지막으로 이 책은 설명 가능성에서 출발하여 시스템 책임 구조와 시민 참여형 감시 거버넌스로까지 논의를 확장한다. 설명이 한계에 도달할 때 필요한 것은 시스템 차원의 감시, 책임 추적성(traceability), 학습 데이터 투명성, 그리고 알고리즘에 대한 시민 사회의 통제다. 설명은 단지 시작점이며, AI 규범 체계의 기초로서 기능해야 함을 전제한다. 이러한 총체적 접근을 통해 설명 가능성의 법과 윤리를 구조적으로 정리하고자 한다.

설명 가능한 AI는 실현 가능한가?

설명 가능한 AI(Explainable AI, 이하 'XAI')는 그럴듯한 말이다. 하지만 그것은 기술의 진실을 말해 주는 용어가 아니다. 오히려 AI에 대한 불신을 포장하고 책임을 회피하기 위해 만들어진 기술 신화에 가깝다. 오늘날 수많은 기업과 정책 기관이 XAI를 기술 윤리의 해답처럼 내세우지만, 실상은 '설명된 것처럼 보이는 설명'으로 공공을 안심시키는 형식적 조치에 불과하다.

문제의 핵심은 이렇다. 대부분의 XAI 기술은 결정 과정 전체를 파악하는 설명이 아니라 결과에 영향을 준 일부 변수의 기여도만을 분석한다. 예를 들어 “이 결정은 나이와 소득 때문입니다”라고 말하는 건 그럴듯하게 보일 수 있다. 하지만 진짜 질문은 ‘왜 이 사람은 불합격이고, 저 사람은 합격인가’다. 현재의 XAI는 그 물음에 절대로 답하지 못한다. 이해가 아니라 환상만 제공할 뿐이다.

더욱 심각한 건 이런 설명이 사실과 다를 수 있다는 점이다. LIME(Local Interpretable Model-agnostic Explanations)나 SHAP(SHapley Additive exPlanations) 같은 대표적인 XAI 기법은 AI의 판단 논리를 근사화한 ‘모형 위의 모형’일 뿐, 실제 AI 모델이 내린 결정을 제대로 재현하지 못한다. 우리가 XAI를 통해 보는 것은 AI의 판단이 아니라 그것을 둘러싼 환영(illusion)이다. 다시 말해 설명이란 이름으로 제공되는 이 기술은 신뢰의 조건이 아니라 오히려 위험을 가리는 장막이다.

기업은 이 장막 뒤에 숨어 있다. “우리 AI는 설명 가능합니다”라는 문장은 소비자에게 신뢰를 주는 것처럼 보이지만 실상은 책임을 회피하려는 전략적 언어일 뿐이다. 책임을 묻는 자리에 설명을 세워 두고 그 설명조차 기술적으로 허술하다면, 우리는 기계가 아니라 사람에게 속고 있는 셈이다. XAI는 오늘날 기업이 법적 책임과 윤리적 비판을 피하기 위해 고안한 최적의 도구가 되고 있다.

법적 문제는 더욱 명확하다. 오늘날 AI의 결정으로 인해 차별이나 피해가 발생해도 XAI는 그 결정을 검증하거나 반박할 수 있는 도구로 기능하지 못한다. 오히려 "어떤 기준으로 판단했다"는 모호한 설명이 면죄부처럼 작동하면서 사용자나 피해자가 법적 구제 수단을 찾기 어렵게 만든다. 결과적으로 XAI는 책임을 흐리는 기술로 작동하며 법적 투명성과 절차적 정의를 해치는 위험한 수단이 되고 있다.

공공 영역의 도입은 특히 경계해야 한다. 행정 기관이나 사법 기관이 XAI 기반 판단 시스템을 사용할 경우, 국민은 국가의 결정을 신뢰할 수 없어지는 결과를 마주하게 된다. 알고리즘이 무엇을 기준으로 결정을 내렸는지도 알 수 없고, 제삼자가 검증할 수도 없다. 이는 곧 절차적 정당성의 붕괴이며 국민의 기본권 침해로 직결된다. XAI는 기술로 위장한 불투명한 권력이다.

그럼에도 불구하고 정책 당국은 XAI에 대한 과도한 기대를 유지하고 있다. 기술적 해법만으로 사회적 신뢰를 회복할 수 있다는 믿음, 즉 기술이 곧 윤리라는 착각에 빠져 있는 것이다. 그러나 현실은 정반대다. 기술이 책임을 피해 가고 있다면, 우리는 기술을 통제하는 윤리와 법으로 되돌아가야 한다. XAI는 통제받아야 할 대상이지 신뢰의 근거가 아니다.

우리는 지금이라도 XAI에 대한 환상을 거두어야 한다. 첫째, XAI의 기술적 한계를 명확히 법으로 고지하고, 기만적 설명을 제공할 경우 불완전한 설명에 대해 정보기만 책임을 묻는 법 제도가 필요하다. 둘째, 고위험 영역에서는 사전 설명 검증 의무제와 독립적 알고리즘 감시 체계를 구축해야 한다. 셋째, 피해자가 설명을 요구할 수 있는 AI 설명 요구권을 헌법적 절차권으로 보장할 필요가 있다.

이와 함께 설명 가능성을 명분으로 한 기술의 남용을 막기 위해 '설명 자체'가 아니라 '책임 귀속'이 중심이 되는 규범 전환이 필요하다. 기술의 불투명성을 보완하려는 시도는 중요하지만, 그 시도가 기술 내부로만 향한다면 그것은 다시 블랙박스를 하나 더 만드는 일일 뿐이다. 우리가 요구해야 할 것은 결정에 대한 사회적 통제권이지, 기술적 시각 자료 몇 장이 아니다.

XAI는 현재로선 과장된 개념으로 보이며 때로는 허위

신뢰를 제공하는 위험한 기술 장치다. 우리는 더 이상 '설명'을 빙자한 면책의 구조를 용인해서는 안 된다. 설명은 책임을 회피하는 수단이 아니라 책임을 가리키는 증거여야 한다. 설명 가능성을 기술적 환상으로 남길 것인가, 법적 권리로 구현할 것인가는 지금 우리의 선택에 달려 있다. 정답은 명확하다. 기술은 신기루 같은 설명이 아닌 법적으로나 최소한 윤리적 책임으로 통제되어야 한다.

설명 가능한 AI의 허와 실

개념적 전제: XAI는 무엇을 '설명'하는가?

XAI는 AI의 의사 결정 과정을 인간이 이해할 수 있도록 설명하려는 기술적 · 철학적 시도다. 그러나 애초에 무엇을, 누구에게, 어떻게 설명할 것인지에 대한 기준이 모호하다. 현실의 많은 XAI 기법은 입력과 출력 간의 상관관계를 단순히 시각화하거나 특정 변수의 영향력을 수치화하는 수준에 그친다. 이는 인간이 기대하는 "왜 이런 결정을 내렸는가"라는 근본적인 질문에 대한 이유(reasoning)의 설명과는 거리가 멀다. 결국 설명이라는 말 자체가 과장되었거나 오용되고 있을 가능성이 크다.

기술적 한계: '설명하는 척'하는 모형들

대다수 XAI 기법은 복잡한 딥러닝(Deep Learning) 모델을 단순화하거나 근사 모형을 통해 설명한다. 예컨대 LIME, SHAP 등의 방법은 로컬 근사(surrogate) 모델을 사용하여 판단의 일부를 설명하려 하지만, 이는 실제 AI가 작동한 전체 구조와 괴리가 있다. 설명은 있으나 진실은 없는 셈이다. 이러한 겉보기 설명은 기술에 대한 신뢰를 높이기보다는 오히려 '기만적 설명'으로 이어질 위험이 있으며, 경우에 따라 기술적 사기(a technical fraud)에 해당할 수 있다는 비판도 가능하다.

법적·윤리적 문제: 설명이 책임을 흐리는가?

AI 결정에 대한 설명은 책임 추궁의 단서가 될 수 있어야 한다. 하지만 현재의 XAI는 기술적 신뢰를 유도하면서도 실제로는 책임 소재나 차별의 구조적 원인을 가리는 수단으로 전락할 우려가 있다. '이해 가능해 보이는 설명'을 앞세워 오히려 법적 책임을 회피하거나, 편향된 의사 결정을 정당화하는 논리로 사용될 수 있다. 이런 맥락에서 XAI는 '신뢰'를 가장한 합리화 장치 혹은 '면책을 위한 수단'으로 기능할 가능성이 높다.

XAI는 기술인가, 마케팅인가?

많은 기업이 "설명 가능한 AI"라는 수식어를 활용해 시장 신뢰를 확보하거나 규제 리스크를 완화하려 한다. 그러나 이때의 설명이 실제로 법적·윤리적으로 유효한지는 검증되지 않는다. 설명 가능성은 단지 기술적 수단이 아니라 사회적 성과로 입증되어야 할 가치다. XAI는 기술적 개념인 동시에 정치적 수사, 마케팅 전략으로 소비되고 있으며, 이는 XAI라는 이름이 가진 신뢰를 상업적 용도로 전용하는 결과를 초래한다.

XAI는 사기인가?

XAI는 본질적으로 사기라기보다 불완전한 약속에 가깝다. 다만 그 약속이 기술적 한계를 숨기거나 설명의 명분을 앞세워 책임을 회피하는 수단으로 사용될 경우, 그것은 명백한 기술적 사기로 전락할 수 있다. 따라서 XAI의 핵심은 투명성과 정직성, 사회적 유효성에 있다. 진정한 설명 가능성이란 단순한 시각화나 수치가 아니라, 법적 검증이 가능하고 인간의 이해에 도달하며 사회적 책임을 담보하는 설계로부터 출발해야 한다.

이 책의 구성

이 책은 XAI에 관한 논의를 기술적 · 법적 · 정책적 관점에서 총체적으로 조망하기 위해 열 개의 장으로 구성되어 있다. 각 장은 하나의 핵심 질문을 중심으로 개념의 정의에서부터 실제 법적 쟁점, 국제 비교, 제도 설계의 가능성까지 일관된 구조로 구성되었다. 설명 가능성이라는 단일 개념이 기술 사회의 신뢰 · 책임 · 권리 실현과 어떻게 연결되는지를 다각적으로 해명하는 데 초점을 둔다.

1장부터 5장까지는 설명 가능성의 개념적 구조와 법적 정당화에 집중한다. 여기서는 기술적 설명과 법적 설명의 차이, 블랙박스 AI의 기술적 불투명성, 설명권의 법적 근거, 책임 귀속과 차별 판단의 구조 등 규범론의 기초가 다뤄진다. 이어지는 6장부터 10장은 설명의 허위 가능성, 국제 규범 비교, 인간-기계 상호 작용의 설계, 설명의 비용 구조, 그리고 설명 이후의 제도적 확장까지 설명 가능성의 외연을 확장한다.

각 장은 전문적인 분석을 기반으로 하되 법학자뿐 아니라 정책 결정자와 기술 개발자, 일반 시민도 이해할 수 있도록 체계적으로 구성되었다. 각 항목은 명료한 제목과 구체적인 사례를 통해 문제를 제기하고, 비교법과 실무적 해석을 조화롭게 제시함으로써 독자에게 통찰과 비판적 시각을 제공하도록 기획되었다. 이 책은 단순히 설명의 기술이 아닌 설명의 사회를 어떻게 설계할 것인가에 대한 규범적 대안을 제시한다.

1. 설명 가능성과 해석 가능성의 개념 구분

설명 가능성은 종종 해석 가능성과 혼용되지만 두 개념은 서로 다른 지향을 갖는다. 전자는 결과에 대한 커뮤니케이션 중심의 설명을 의미하고, 후자는 내부 메커니즘의 수학적 해석 가능성을 뜻한다. 법적 논의에서 이 둘을 구분하지 않으면 '이해할 수 없음' 자체가 책임 면제 사유로 오용될 수 있다. 따라서 개념 구분은 법적 정합성을 위한 전제 조건이다.

2. 블랙박스 AI의 기술적 한계

딥러닝 기반 AI는 수백만 개의 파라미터로 구성되어 있어 그 결과를 사람이 직관적으로 해석하기 어렵다. SHAP, LIME 등 설명 기법이 존재하지만 이들은 부분적, 확률적 설명에 그치며 결정의 실질 원인을 보여 주지 못한다. 설명의 기술적 한계는 곧 법적 판단에서의 불확실성으로 이어지므로 그 구조를 직시하는 것이 필요하다.

3. 법은 설명을 요구할 수 있는가

법은 '설명 가능한 기술'을 요구할 수 있을까?「GDPR」 제22조와 EU 「AI법」 제13조는 설명권과 정보 제공 의무를 명시하고 있다. 그러나 이는 실제 기술 수준과 괴리가 있다. 법적 설명 의무가 현실 가능한가, 설명의 범위는 어디까지인가에 대한 논의는 AI 시대 법 제도의 실효성을 결정짓는다.

4. 설명 가능성과 책임 귀속의 관계

책임은 설명을 전제로 한다. 설명이 없다면 책임도 모호해진다. 반대로 책임 회피의 전략으로 '불가해성'을 내세우는 기업의 주장이 가능해진다. 설명은 정당화의 구조이며 법적 책임 판단의 기초다. 이 구조를 해명하는 것은 곧 책임법의 재구성을 의미한다.

5. 편향과 불공정성 진단 도구로서 설명

AI 시스템이 특정 인종, 성별, 계층에 따라 차별적으로 작동하는 경우, 이를 식별하고 시정하기 위해 설명이 필요하다. 설명이 있어야만 편향된 데이터 구조나 알고리즘 설계를 비판할 수 있다. 설명은 사회적 약자를 보호하는 투명성의 수단이자 차별 구제의 전제가 된다.

6. 설명의 허구와 기업의 면책 전략

일부 기업은 책임 회피를 위해 모호하고 형식적인 설명만을 제공하고 있다. 이는 사용자에게 실제로 유의미한 정보를 주지 못하며, 오히려 설명을 '면책의 장치'로 악용한다. 설명의 질과 실효성에 대한 기준이 없다면 설명 가능성은 규제 우회 수단으로 전락할 수 있다.

7. 국제 규범 비교의 필요성

EU, 미국, 일본은 각각 설명 가능성에 대한 고유한 법제와 정책 방향을 갖고 있다. EU는 규제 중심, 미국은 시장 기반의 윤리 권고 중심, 일본은 신뢰 형성을 위한 전략적 설명 중심 접근을 취한다. 이들을 비교 분석함으로써 우리나라 법제의 방향성과 현실적 한계를 조명할 수 있다.

8. 인간-기계 상호 작용과 설명의 역할

설명은 단지 정보를 주는 것이 아니라 인간이 기계와 관계를 맺고 신뢰를 형성하는 핵심 통로다. '이해 가능한 설명'을 위해선 인터페이스, 언어, 시각적 요소까지 고려해야 한다. 설명은 인간-기계 상호 작용 설계의 중심축이며 법은 그 기준을 마련해야 한다.

9. 설명의 비용과 현실성

설명을 제공하는 데는 기술적, 재정적 부담이 수반된다. 특히 중소기업에게는 과도한 부담일 수 있다. 따라서 고위험 AI와 저위험 AI에 대한 차등 규제가 필요하고, 사용자에게 '유의미한 수준의 설명' 범위 설정이 요구된다. 비용과 권리 사이의 균형이 핵심이다.

10. 설명 이후의 확장: 시스템 감시와 거버넌스

설명만으로는 부족하다. 책임 추적성, 학습 데이터 공개, 독립 감시 기관, 시민 참여형 감시 거버넌스 등으로 설명 가능성의 규범을 제도화하고 확장해야 한다. 이는 기술의 민주적 통제를 가능케 하며, 설명 가능성에서 시작해 '책임의 사회적 구조화'로 이어지는 새로운 AI 법제의 핵심 방향이다.

이 책에서 논의되는 것도 다양한 의견 중 하나로, 언젠가 기술 발전과 사회적 합의를 통해 답을 만들어 갈 수 있기를 희망한다.

01
설명 가능성이란 무엇인가: 기술적 개념과 오해

설명 가능성은 인공지능 결과를 사람이 이해할 수 있도록 만드는 기술적 특성이지만, 그 의미는 단순하지 않다. '설명 가능성'과 '해석 가능성'은 동일하지 않으며, 설명은 종종 기술이 아닌 커뮤니케이션으로 작동한다. 내재적 설명과 외부 설명의 구분, 인간 이해의 한계, 사회적 환상으로서의 설명까지 다양한 층위의 개념 혼란이 존재한다.

기후 위기와 인공지능?

설명 가능성과 해석 가능성의 개념 구분

설명 가능성(Explainability)과 해석 가능성(Interpretability)은 종종 혼용되지만 두 개념은 엄연히 구분되어야 한다. 설명 가능성은 AI가 어떤 결정을 내렸는지에 대한 이유를 사용자가 이해할 수 있도록 '설명'을 생성하는 능력을 말한다. 반면 해석 가능성은 그 자체로 모델의 구조나 작동 원리가 사람에게 얼마나 '직관적으로' 이해 가능한가를 지칭한다. 이 둘은 기술적 기법이 다를 뿐 아니라 법적 맥락에서도 다른 기준을 요구한다.

법률적 관점에서 해석 가능성은 사전적 예측 가능성의 확보, 즉 규범 위반 여부 판단의 기준이 되는 반면, 설명 가능성은 사후적 정당화의 가능성, 즉 책임 소재를 규명하는 핵심 도구로 작용한다. 예를 들어 보험 회사 AI가 보험 가입을 거절할 경우, 그 내부 알고리즘이 직관적이든 아니든 우리는 그 결정의 정당성을 설명받아야 한다. 여기서 설명 가능성은 권리 행사와 책임 규명의 기반이 된다.

기술적으로도 양자는 실현 방식이 다르다. 해석 가능성은 선형 회귀나 결정 트리(Decision Tree)처럼 단순한 구조의 모델에서 자연스럽게 얻어질 수 있는 반면, 설명 가능성은 복잡한 신경망 모델에도 적용할 수 있도록 별도의 설명 가능한 생성 모델을 요구한다. 따라서 후자는 기술의 외부에서 작동하는 '메타 설명기'의 개입을 전제로 한다.

이러한 구분은 AI 규제 설계에 중요한 의미를 갖는다. 예컨대 EU 「AI법」은 고위험 AI에 대해 설명 가능성을 요구하면서도 기술 중립성을 지향하여 특정한 구조나 설계 방식을 강제하지 않는다. 이는 해석 가능성이 아닌 설명 가능성의 확보를 중심으로 한 입법 전략을 보여 준다. 단순히 이해할 수 있는 설계가 아니라 이해할 수 있는 설명을 요청하는 것이다.

또한 설명 가능성과 해석 가능성의 구분은 법적 의무의 주체에도 영향을 미친다. 설명 가능성은 AI를 제공한 주체가 갖추어야 할 의무로 기능하고, 해석 가능성은 AI 시스템 자체의 설계 요건으로 기능한다. 기술 공급자와 법적 책임자 사이의 구분이 필요한 이유다.

따라서 법적 규제와 기술 설계 간의 정합성을 확보하기 위해서는 설명 가능성과 해석 가능성을 구별하여 다루는 접근이 필요하다. 이를 혼동하면 법은 기술 설계에 과도하게 개입하거나, 반대로 책임 규명을 어렵게 만드는 역기능을 초래할 수 있다.

모델 내재적 설명 vs 모델 외부 설명

설명 가능성을 구현하는 방식은 크게 두 가지로 나뉜다. 하나는 모델 자체가 설명을 포함하는 방식(intrinsic explanation), 다른 하나는 외부에서 모델의 작동 결과를 분석해 설명을 제공하는 방식(post-hoc explanation)이다. 전자는 일반적으로 단순한 모델에 적합하고, 후자는 복잡한 딥러닝 모델에 주로 사용된다.

모델 내재적 설명은 처음부터 사람이 이해할 수 있도록 설계된 모델을 말한다. 예를 들어 결정 트리는 노드마다의 조건 분기를 통해 '왜 이런 결과가 나왔는지'를 자연스럽게 보여 준다. 이 방식은 해석 가능성과 설명 가능성이 일치하는 드문 경우다. 그러나 이 방식은 모델 성능(정확도)의 한계를 가져올 수 있다.

반면 후속 설명은 복잡한 블랙박스 모델이 생성한 결과를 별도의 도구(LIME, SHAP 등)를 통해 해석하거나 설명하는 방식이다. AI 시스템이 이미 결정을 내린 후에 그 과정을 사람이 이해할 수 있도록 사후적으로 설명하는 방식을 의미한다. 이 설명은 원래 모델이 갖고 있던 정보가 아니라 입력과 출력 간의 상관관계를 바탕으로 생성된다. 즉, 설명은 '진짜 원인'이 아닐 수 있다. 이는 법적으로 설명의 신뢰성(reliability)을 문제 삼게 만든다.

특히 사법 절차에서 AI가 내린 판단에 대해 '왜?'를 물을 때, 해당 설명이 본래의 결정 원인과 일치하지 않는다면 피고인의 방어권이나 피해자의 진상 규명 권리가 침해될 수 있다. 이는 XAI의 기술적 성취가 곧바로 법적 정당성을 담보하지 않음을 보여 준다.

결국 법은 설명의 '신뢰도'와 '책임성'을 기준으로 모델 외부 설명을 허용할 것인지, 모델 내재적 설명을 원칙으로 할 것인지를 판단해야 한다. 이는 단지 기술의 문제가 아니라 헌법적 권리와 연결되는 문제다. 따라서 고위험 분야(예: 의료, 사법, 금융)에서는 모델 내재적 설명을 우선 고려하되, 불가피한 경우 모델 외부 설명을 보완 수단으로 허용하는 입법적 균형이 필요하다. 기술은 발전하지만 권리는 보호되어야 한다.

설명 가능성의 성격

설명 가능성은 단순히 기술적 분석의 문제로 이해되기 쉽지만 사실상 '설명'은 인간 간의 커뮤니케이션 행위다. 설명의 목적은 단순한 정보 전달이 아니라 수용자의 이해와 납득을 유도하는 것이기 때문이다. 기술이 아무리 정확한 설명을 하더라도, 그것이 인간에게 의미 있게 전달되지 않는다면 '설명'의 기능은 실패한 것이다.

법적으로도 설명은 단순한 문서 제공이 아닌 이해 가능성(comprehensibility)을 전제로 한다. 「소비자보호법」이나 「의료법」에서 요구되는 설명 의무는 '이해할 수 있도록 설명할 것'을 조건으로 한다. 특히 「의료법」상 의료 행위에 관한 설명에서는 사람의 생명 또는 신체에 중대한 위해를 발생하게 할 우려가 있는 수술, 수혈, 전신마취를 하는 경우 동의를 받아야 하는 사항을 환자(환자가 의사 결정 능력이 없는 경우 환자의 법정 대리인을 말한다)에게 설명하고 서면(전자 문서를 포함한다)으로 그 동의를 받아야 한다. 다만 설명 및 동의 절차로 인하여 수술 등이 지체되면 환자의 생명이 위험하여지거나 심신상의 중대한 장애를 가져오는 경우에는 그러하지 아니하다. 환자에게 설명하고 동의를 받아야 하는 사항은 다음 각 호와 같다(「의료법」 제24조의2).

1. 환자에게 발생하거나 발생 가능한 증상의 진단명
2. 수술 등의 필요성, 방법 및 내용
3. 환자에게 설명을 하는 의사, 치과 의사 또는 한의사 및 수술 등에 참여하는 주된 의사, 치과 의사 또는 한의사의 성명
4. 수술 등에 따라 전형적으로 발생이 예상되는 후유증 또는 부작용

5. 수술 등 전후 환자가 준수하여야 할 사항

이러한 설명 의무는 '정보 제공'이 아니라 '이해 촉진' 이라는 목적 함의를 내포한다. AI 설명도 마찬가지로 기술적 결과물 이상의 커뮤니케이션 행위로 간주되어야 한다. 예를 들어 복잡한 수치나 그래프로 요약된 설명이 법률가나 일반 시민에게 무의미하게 받아들여진다면, 이는 법적 설명 의무 이행으로 볼 수 없다. 설명 가능성은 기술이 아니라 커뮤니케이션 설계의 문제이며, 이는 법과 기술 사이의 다리 역할을 한다. 이러한 맥락에서 법학자는 설명의 '내용'뿐만 아니라 '형식'에 주목해야 한다. 무엇을, 어떻게, 누구에게 설명하는가가 법적 정당성을 좌우한다. 특히 약자나 소수자에 대한 설명에서 커뮤니케이션 접근성이 담보되어야 한다는 점은 헌법상 평등권 및 정보 접근권과도 연결된다.

결국 설명 가능성은 기술 공학자의 책임뿐만 아니라 사회적 제도 설계자인 법률가와 정책가의 책임이기도 하다. AI 설명을 단순히 기술적 절차로 축소하면 우리는 인간을 위한 설명이라는 본래 목적을 잃게 된다.

인간의 이해 수준과 설명의 적합성

설명 가능성은 기술의 속성이 아니라 인간의 이해를 전제로 하는 사회적 구조다. 설명이란 '누구에게나 같은 방식'으로 제공되어야 하는 것이 아니라 '각자의 이해 수준에 맞게' 제공되어야 한다. 법에서 설명 의무가 존재하는 이유는 시민이 자신의 권리를 실질적으로 행사할 수 있도록 도와주는 '정당한 절차'이기 때문이다.

이는 '개인화된 설명(personalized explanation)'의 필요성을 시사한다. 동일한 알고리즘 결과라도 전문가와 일반인, 고령자와 청년에게는 전혀 다르게 전달되어야 할 수 있다. 이는 법적으로 정보 비대칭을 해소하는 '적합한 설명 제공 의무'로 구체화될 수 있다. 기술의 설명은 법적 문맥에서 수용자 중심으로 설계될 필요가 있다.

더 나아가 이는 「행정절차법」이나 「개인정보보호법」상의 설명 요구권과도 밀접하게 연결된다. 공공 기관의 AI 활용이 확산되면서, 각 개인의 이해 수준을 고려한 설명 의무는 단순한 권리 보호 차원을 넘어 민주적 정당성의 요소가 된다.

실제 사례에서 AI의 결정에 대한 설명이 지나치게 기술 중심이거나 난해한 용어로 구성되어 있을 경우, 시민은 스스로 권리를 행사하기 어렵다. 이는 법 앞의 평등이나 정보 접근권을 침해하는 결과를 낳을 수 있다. 따라서 설명 가능성을 '사람 중심'으로 전환하는 법적 재설계가 필요하다. 설명의 표준은 기술이 아니라 인간의 이해다. 기술이 인간에게 맞춰야지, 인간이 기술에 맞춰야 하는 것은 아니다.

'설명 가능'이라는 단어의 사회적 환상

설명 가능성이라는 용어는 근본적으로 '신뢰'를 재구성하려는 사회적 상징어가 되었다. 복잡하고 불투명한 인공지능 기술에 대해 시민의 불안과 요구를 수렴하는 과정에서, '설명할 수 있다'는 말은 일종의 안심 장치로 기능한다. 그러나 이 단어 자체가 갖는 환상도 경계할 필요가 있다.

실제로 많은 AI 시스템은 그 구조상 완벽한 설명이 불가능하거나, 설명이 원인을 왜곡할 위험이 있다. 예컨대 생성형 AI 모델의 수백억 개의 매개 변수는 개별 결정의 원인을 추적하기에 너무 복잡하다. 이때 제공되는 설명은 단지 통계적 상관관계나 후향적 정당화일 뿐 결정의 '진짜 이유'를 말하지 않는다.

그럼에도 불구하고 법과 사회는 여전히 '설명 가능성'이라는 단어에 기댄다. 이는 기술적 명확성보다는 정치적 · 사회적 정당성을 추구하기 위한 일종의 수사(rhetoric)일 수 있다. 설명 가능성은 신뢰 구축의 수단이자 책임 회피의 도구가 될 수도 있다.

법적으로 중요한 것은 설명 가능성이라는 '단어'가 아니라 그 단어가 실질적으로 무엇을 보장하고 있는가다. 허울뿐인 설명이 오히려 책임 회피의 근거가 된다면, 이는 민주주의의 원칙과 정면으로 충돌하게 된다.

결국 우리는 설명 가능성을 기술적 기능이 아니라 법적 · 정치적 장치로 재해석해야 한다. 설명 가능성이란 단어에 담긴 사회적 환상을 걷어 내고 실질적인 책임과 권리의 구조를 설계하는 것이 법률가의 몫이다.

02
블랙박스 AI의 기술적 한계: 설명이 불가능한 구조인가?

AI, 특히 딥러닝 모델은 복잡한 수학적 구조와 다층 네트워크로 인해 인간이 그 판단 과정을 직관적으로 이해하기 어렵다. LIME, SHAP 등 설명 기법이 등장했지만, 이들은 부분적이고 통계적 추정에 가까워서 실제 원인에 대한 설명이라고 보기 어렵다.

노래하는 AI 보컬?

딥러닝의 복잡성과 비선형성

딥러닝은 인공 신경망을 기반으로 한 대표적인 비선형 모델로서 높은 정확도와 학습 능력을 자랑한다. 하지만 그 내부 작동 방식은 수천만 개의 파라미터와 계층이 중첩된 복잡한 구조로 이루어져 있으며, 특정 입력이 어떤 경로를 통해 결과에 도달했는지를 명확히 추적하기 어렵다. 이 구조적 특성 때문에 딥러닝은 블랙박스로 불린다.

비선형성(non-linearity)은 특히 문제를 야기하는데, 이는 입력과 출력 사이의 관계가 단순한 함수가 아닌 수많은 상호 작용과 누적적 변화로 형성되기 때문이다. 이러한 구조에서는 결과를 예측하거나 역추적하는 것이 사실상 불가능한 경우가 많다. 즉, 동일한 입력이 조건에 따라 다른 출력으로 이어질 수 있어 법적 책임 귀속의 기준을 세우기 어렵다.

법적 관점에서 이는 '설명 불가능한 위험', 즉 인식론적 불투명성(epistemic opacity)의 문제로 연결된다. 어떤 시스템의 내부 작동이나 의사 결정 과정을 인간이 완전히 이해하거나 추적할 수 없는 상태를 의미한다. 이는 단순한 정보 부족이 아니라 원리적으로 인간의 인지 능력으로 설명이 불가능한 구조적 한계를 말한다. 이처럼 '설명 불가능한 위험'은 단순한 기술적 문제가 아니라 민주주의, 법적 책임, 인간 존엄의 원리와 직결되는 근본적 과제다.

블랙박스처럼 결과를 통제하거나 예측할 수 없는 기술은 행위자의 고의 또는 과실을 추정하기 어렵게 만든다. 따라서 손해 배상 책임, 행정 처분, 형사 책임 부과 등 각종 법적 판단이 매우 불확실해진다. 이는 전통적 책임 원리의 근간을 흔드는 구조적 위협이다. 예를 들어 의료 영상 AI가 오진을 내린 경우, 내부적으로 어떤 뉴런이 어떤 식으로 활성화되어 그런 판단이 나왔는지 알 수 없다면, 이는 단순한 기술 문제가 아니라 환자 권리 구제의 심각한 장벽이 된다. 법정에서 "왜 그렇게 판단했는가"를 설명할 수 없는 판단은 종국적으로 무책임한 시스템으로 간주될 수 있다.

결국 딥러닝의 구조적 복잡성은 단순한 기술적 한계가 아니라 사회적 정당성과 법적 책임의 기반을 흔드는 문제로 이해되어야 한다. 법학자는 이러한 구조를 전제로 '결과 책임' 구조를 보완하거나 사전적 통제 장치를 강화하는 규범 체계를 고민해야 한다.

따라서 딥러닝 기술은 '높은 성능'이 아니라 '책임 있는 성능'을 기준으로 평가되어야 하며, 이는 단순히 기술자가 아닌 법제자와 시민이 함께 판단해야 할 문제다.

설명 기법의 이론과 실무

설명 가능성을 보완하기 위한 대표적인 기술로는 LIME와 SHAP가 있다. 이들은 블랙박스 모델이 내린 예측 결과를 인간이 이해할 수 있는 방식으로 재구성하기 위해 고안된 도구다. LIME는 특정 입력값 주변에서 단순 선형 모델을 생성하여 설명하고, SHAP는 게임 이론의 섀플리 값(Shapley Value)을 활용해 각 변수의 기여도를 계산한다. 두 방법 모두 특정 모델에 종속되지 않는 '모델 비의존적(model-agnostic)' 특성을 지녀 다양한 AI 모델에 적용될 수 있다는 장점이 있다. 참고로 섀플리 값은 협력 게임(cooperative game)에서 참여자 각각이 전체 이익에 기여한 정도를 공정하게 분배하기 위한 수학적 방법이다. 이처럼 섀플리 값은 공정한 기여도 분배의 원칙을 수학적으로 정립한 개념으로, AI의 설명 가능성을 보완하는 데 중요한 기초가 된다. 그러나 법적 책임 귀속이나 일반인의 이해 가능성과 같은 영역에서는 한계도 분명하므로 기술적 도구 이상으로 법적 · 윤리적 보완 장치가 함께 마련되어야 한다.

이들 LIME나 SHAP 기법은 본질적으로 '모사적 해석'에 불과하다. 원래 모델의 작동 논리를 보여 주는 것이 아니라 입력과 출력 사이의 관계를 통계적으로 추정하여 설명하는 방식이기 때문이다. 따라서 이러한 설명은 원인과 결과의 실제 구조를 왜곡하거나 과도하게 단순화할 위험이 있으며, 설명의 진실성과 신뢰성은 언제나 상대적일 수밖에 없다. 특히 법적 맥락에서는 설명 책임의 주체가 AI 모델이 아닌 외부의 해석 도구로 전가되는 구조가 형성된다. 이는 책임 주체와 설명 제공 주체가 분리되는 이례적인 법적 상황을 초래하며, 결과적으로 사법 절차의 신뢰성을 약화할 수 있다.

더불어 LIME나 SHAP의 설명 결과는 일반 시민이나 법률가가 쉽게 이해하기 어렵다는 점에서 기술 엘리트 중심의 새로운 불투명성을 야기할 수 있다. 이는 설명 의무가 단순한 정보 제공을 넘어 이해 촉진까지 요구하는 「소비자보호법」, 「의료법」, 「개인정보보호법」상의 설명 기준과 충돌한다. 설명이 기술적 정교함만을 추구할 경우, 오히려 법이 기술을 따라가야 하는 역전된 책임 구조를 낳을 수 있다. 기술은 법의 도구이지, 법의 대체물이 될 수 없다.

결국 이러한 설명 기술은 AI의 법적 책임을 '대신할 수 있는 수단'이 아니라 '보완적 장치'로 한정되어야 한다. LIME나 SHAP가 생성한 설명은 법적으로 보조적 증명 수단으로 활용되되, 그것만으로 책임 면제나 판단 정당화의 근거로 사용되어서는 안 된다. 따라서 AI 설명 기술의 법적 지위를 명확히 규정하고, 그 한계와 오남용 가능성에 대한 통제 규범을 마련하는 입법적 정비가 요구된다. 설명 가능성은 기술만의 과제가 아니라 법적 설계와 공적 책임의 문제이기도 하다.

설명의 일관성과 재현성 문제

설명 기법의 가장 큰 기술적 문제는 설명의 일관성과 재현성(reproducibility)이다. 동일한 입력에 대해 설명 도구가 다른 결과를 내놓거나 시스템이 실행될 때마다 설명이 변동된다면, 이는 법적으로 정당한 '설명'으로 인정되기 어렵다.

SHAP와 LIME는 각기 설정된 난수 초깃값이나 지역 근사 범위 설정, 표본 선택 방식 등에 따라 설명 결과가 달라질 수 있다. 이로 인해 법정에서 동일한 판단에 대해 다른 설명이 제시되는 일이 발생할 수 있으며, 이는 '일관된 진술'이라는 법적 설명 요건을 충족하지 못한다. 특히 피해자의 입장에서 보면, 설명의 재현성은 권리 구제의 핵심이다. 피해를 입은 사람이 일차적으로 받은 설명과 이후 감사나 재판 과정에서 제공된 설명이 다르다면, 이는 사실 인정과 인과 관계 판단을 왜곡할 수 있다. 증거로서의 설명이 신뢰를 얻지 못하는 상황이다.

법적으로 설명이 증거로 채택되기 위해서는 일정한 기준하에 재현될 수 있어야 하며, 그 과정이 투명해야 한다. 이 요건이 충족되지 않는다면 설명 기법은 과학적 신뢰성을 갖추지 못한 '추정'으로 간주될 수밖에 없다. 이는 설명 가능성의 법적 위상을 크게 낮추는 결과를 초래한다. 따라서 AI 설명의 일관성과 재현성은 단순한 기술적 성능이 아니라 법적 정당성 확보의 기준으로 작동해야 한다. 규제 기관과 법원은 설명의 기술적 품질을 검증하고 일정 수준 이상의 설명력 확보를 법적 요건으로 명문화해야 한다.

결국 기술은 설명을 제공할 수 있어야 할 뿐 아니라 동일한 설명을 반복해서 제공할 수 있어야 한다. 이것이 법이 신뢰할 수 있는 설명 가능성의 본질적 요건이다.

부분적 설명의 왜곡 가능성

AI 설명 기법은 종종 특정 요소나 변수에 대한 '부분적 설명(partial explanation)'을 제공한다. 이는 전체적인 작동 원리를 알 수 없거나 일부 정보만이 공개 가능할 때 나타나는 현상이다. 그러나 이러한 부분적 설명은 사실을 왜곡하거나 오해를 유도할 위험이 있다. 예컨대 새플리 값이 특정 변수의 영향력을 높게 평가했다고 하더라도, 이는 모델의 전체 작동 논리를 설명하는 것이 아니다. 입력 변수 간의 상호 작용이나 비선형 변환은 무시된 채 단일 변수의 영향만이 부각되는 경우, 이는 '허위의 설명'으로 기능할 수 있다.

법적으로는 이러한 부분적 설명이 오히려 기망(misrepresentation)의 효과를 낳을 수 있다는 점에서 문제다. 즉, 상대방을 속여 잘못된 사실을 믿게 함으로써 의사 결정을 유도할 수 있기 때문이다. 이처럼 설명을 통해 정당성을 주장하면서 실제 중요한 설명은 누락하는 행위는 설명 의무 불이행이자 오히려 악용일 수 있다. 이는 '설명 의무'가 아닌 '기망 행위'로 평가받을 여지를 가진다. 특히 공공 부문에서의 AI 활용에서 부분적 설명은 민주적 정당성을 훼손할 수 있다. 시민은 정책 결정의 전 과정을 납득할 권리가 있으며, 일부 요소만을 조명하여 정책의 정당성을 포장하는 설명은 투명한 행정의 기본 원리에 반한다.

부분적 설명의 위험은 또 다른 차원에서 규제 우회 수단으로 작동할 수도 있다. 고위험 AI 시스템이 '설명 가능성'을 확보했다는 형식적 기준만을 충족함으로써, 실제 내용 없는 설명으로 법적 책임을 회피할 수 있기 때문이다.

따라서 부분적 설명은 설명 기법 자체의 구조적 문제이자 설명 의무 제도의 입법적 허점이 될 수 있다. 입법자는 '전체적, 실질적 설명'의 기준을 명확히 정하고, 설명 가능성을 구실로 한 규제 우회 가능성을 철저히 차단해야 한다.

기술적 설명과 실제 원인 사이의 괴리

마지막으로 가장 근본적인 문제는 기술적 설명이 AI 결정의 실제 원인(causal reason)을 정확히 반영하지 못할 수 있다는 점이다. LIME나 SHAP 등은 통계적으로 변수의 '기여도'를 평가할 수는 있지만 그것이 해당 결정의 실제 '원인'인지는 별개의 문제다. 법적으로 인과 관계는 책임 판단의 핵심이다. 손해 배상이나 행정 처분, 형사 책임을 부과하기 위해서는 어떤 행위가 결과에 실질적 원인을 제공했다는 점이 입증되어야 한다. 그런데 AI 시스템의 설명이 실제 원인과는 다른 요소를 강조하거나 비본질적 상관관계를 기반으로 구성되었다면, 이는 법적 인과 판단을 왜곡하게 된다.

이는 과학적 설명과 법적 설명 사이의 단절로 이어진다. 기술은 '가능한 설명'을 제시하지만 법은 '책임을 묻는 설명'을 요구한다. 이 둘의 간극은 인공지능 시스템에 대한 책임 귀속을 불가능하게 만들거나 불공정하게 왜곡된 책임을 초래할 수 있다. 예를 들어 채용 AI가 여성 지원자를 탈락시킨 경우, SHAP 분석이 나이와 학력을 주요 원인으로 제시했다고 하더라도 실제로는 성별에 따른 간접적 차별이 존재할 수 있다. 이처럼 설명과 원인 사이의 괴리는 차별 금지와 같은 헌법적 가치 실현을 방해할 수 있다. 따라서 설명 가능성은 '이해'의 문제가 아니라 '책임'을 위한 구조로 보아야 한다. 설명이 진실을 가리는 수단이 아니라 법적 판단의 근거로 기능할 수 있도록 기술적 설명과 실제 원인 사이의 정합성을 보장하는 규범 체계가 마련되어야 한다.

결국 법이 기술을 수용하는 기준은 설명 가능 여부가 아니라 '책임 가능한 설명'을 제시할 수 있는가에 달려 있다. 설명이 곧 정당성을 담보하지는 않으며 법은 언제나 진실에 가까운 설명을 요구해야 한다.

03
법은 설명을 요구할 수 있는가: 설명 가능성의 규범화

법은 기술에 설명을 요구할 수 있는가? 「GDPR」 제22조는 자동화된 결정에 대해 사용자가 설명을 요구할 권리를 규정하고 있고, EU 「AI법」 제13조는 정보 제공과 투명성의 의무를 명시한다. 우리나라 법제에서도 「개인정보보호법」과 「행정절차법」은 일정한 설명 요구권의 가능성을 시사한다.

인공지능과 편향?

설명 요구권의 법적 근거와 한계

설명 요구권이란 자동화된 의사 결정 또는 알고리즘에 의한 판단에 대해 그 이유와 과정을 설명받을 수 있는 권리를 말한다. 이는 단순한 정보 요구권을 넘어 기술로부터 비롯된 결과에 대해 인간으로서 설명을 요구할 수 있는 '절차적 권리'의 한 형태다. 디지털 전환이 심화됨에 따라 이 권리는 권리자의 방어권 보장, 투명성 강화, 책임 귀속의 정당화 등 여러 측면에서 중요해지고 있다.

그러나 설명 요구권은 아직 대부분의 국가에서 일반적 권리로 확립되지 않았다. 일부 법제에서 제한적 · 조건적으로 인정되고 있을 뿐이며, 이에 대한 포괄적 권리 규정은 아직 부족하다. 특히 민간 기업이 운영하는 알고리즘에 대해서는 설명 제공이 영업 비밀, 기술 보호 등의 이유로 거부되는 경우가 많고, 이는 시민의 권리와 기업의 이익 사이의 충돌을 야기한다.

설명 요구권은 헌법상 정보 기본권, 알권리, 자기 결정권, 절차적 정당성 등 여러 기본권적 원리와 연결될 수 있다. 특히 AI가 인간의 삶에 중대한 영향을 미치는 분야(예: 의료, 고용, 금융)에서는 설명을 받을 권리는 사실상 '결정에 참여할 권리'로 작동한다. 이 점에서 설명 요구권은 단순한 절차 규칙이 아닌 민주적 권력 통제 수단이라 할 수 있다.

이 권리의 실효성은 기술적 실현 가능성과 깊이 연동된다. 고도로 복잡한 딥러닝 모델에서 '설명'을 기술적으로 구성하기 어려운 경우, 법이 이러한 설명을 의무화할 수 있는가에 대한 논란이 있다. 이는 규범과 기술 사이의 괴리를 드러내며 설명 요구권의 구체적 작동 조건에 대한 법 정책적 고민을 요구한다.

또한 설명 요구권이 지나치게 포괄적일 경우, 이는 알고리즘 설계자의 표현의 자유, 영업의 자유, 기술의 중립성 등을 침해할 수 있다는 반론도 제기된다. 설명이 권리일 뿐 아니라 새로운 통제 도구로 작용하는 상황에서 그 한계를 법적으로 설정하는 것이 중요하다.

결론적으로 설명 요구권은 데이터 시대의 핵심 권리로 등장하고 있으며, 향후 AI 거버넌스 체계 구축의 중심축이 될 것이다. 이를 규범화하기 위해서는 법적 타당성과 기술적 실현 가능성을 함께 고려한 정교한 입법 설계가 필요하다.

「GDPR」 제22조: 자동화된 결정에 대한 설명권

EU「GDPR」은 설명 가능성과 관련하여 가장 광범위하고 구체적인 법적 규정을 제시한 법률이다. 특히 제22조는 '자동화된 의사 결정에 대한 권리'를 명시함으로써 개인이 알고리즘에 의한 판단에 대하여 설명을 요구할 수 있는 근거를 제공한다. 이는 설명 요구권의 국제적 모델로 자주 언급된다.

「GDPR」 제22조 제1항은 "개인은 전적으로 자동화된 처리(프로파일링 포함)에 근거한 결정에 따르지 않을 권리를 가진다"고 규정하고 있으며, 제3항은 이 경우 인간의 개입, 자신의 입장 개진, 결정에 대한 설명과 이의 제기를 포함한 권리를 명시하고 있다. 즉, 설명권은 결정에 대한 정당성 확보와 이의 절차 보장의 핵심 요소로 구성되어 있다.

「GDPR」이 보장하는 설명권의 범위는 생각보다 제한적이다. 우선 해당 조항은 '법적 효과를 초래하거나 유사한 중대한 영향을 미치는 경우'에만 적용된다. 이는 단순한 콘텐츠 추천이나 광고 표시 등의 결정에는 적용되지 않음을 의미하며, 실제 설명권이 행사되는 사례는 매우 제한적일 수 있다. 또한 「GDPR」은 '의미 있는 정보 제공(meaningful information)'을 요구하지만, 그 정보의 범위나 깊이에 대해서는 구체적 기준을 제시하지 않는다. 이에 따라 기업은 최소한의 기계적 정보 제공으로 의무를 형식적으로 이행할 위험이 있으며, 이 경우 설명권의 실질적 효과는 크게 감소한다.

법적으로 중요한 쟁점은 설명 의무가 '기계의 판단 과정'에 대한 완전한 재현을 요구하는 것이 아니라는 점이다. 이는 설명이 진실에 가까운 요약이 아니라 방어권 보장을 위한 최소한의 설명일 수 있음을 뜻한다. 이로 인해 '설명'의 정의와 기준을 둘러싼 해석의 다툼이 여전히 존재한다.

따라서 「GDPR」 제22조는 설명권의 제도화에 큰 기여를 했지만 여전히 기술적 실현 가능성, 형식적 이행의 우려, 범위의 모호성 등 중요한 한계를 내포하고 있다. 향후 AI 고위험 규제의 발전은 이 조항을 재해석하고 강화하는 방향으로 나아갈 필요가 있다.

EU 「AI법」 제13조: 투명성과 정보 제공 의무

EU 「AI법」 제13조는 고위험 인공지능 시스템 제공자에게 사용자에게 "명확하고 이해할 수 있는" 정보 제공을 요구함으로써 설명 가능성을 제도적으로 강화하고 있다. 이는 「GDPR」보다 더 구체적인 투명성 요건을 통해 설명권을 보완하고자 하는 시도로 평가된다.

제13조의 핵심 내용은 (1) 시스템이 AI에 기반한 것임

을 명시할 것, (2) 시스템의 목적과 작동 방식에 대한 정보를 제공할 것, (3) 사용자에게 발생 가능한 위험과 사용 조건에 대한 정보를 사전 고지할 것 등이다. 이는 단순한 기술 설명을 넘어서 사용자의 합리적 사용과 위험 인식을 가능하게 하는 정보 제공을 핵심 의무로 한다.

특히 이 조항은 '사용자 친화적 설명'을 요구하며, 기술적 복잡성과 무관하게 설명이 수용자의 이해 가능성을 전제로 구성되어야 함을 강조한다. 이는 설명 가능성을 일종의 '의사소통 권리'로 재구성하고 있으며, 기술 중심적 사고에서 벗어나 규범 중심의 설명 모델을 제시하고 있다.

EU 「AI법」은 AI 시스템의 위험성을 고려하여 설명 의무의 강도를 조절할 수 있도록 설계되어 있다. 고위험 시스템에는 강화된 설명 의무가 부과되며, 저위험 시스템에는 자율 규제에 기반한 일반적 투명성 원칙이 적용된다. 이는 설명 가능성을 위험 기반 접근(risk-based approach)으로 제도화한 사례다. 그러나 제13조 역시 기술적 한계와의 조화를 어떻게 확보할 것인지에 대한 과제를 안고 있다. 설명 가능한 수준을 일률적으로 요구할 경우 고성능 AI의 개발과 활용이 제약될 수 있으며, 이는 기술 혁신 저해 우려로 이어진다. 이로 인해 법은 기술의 수준과 설명의 의무를 균형 있게 조정해야 하는 도전에 직면한다.

결론적으로 EU 「AI법」 제13조는 설명 가능성의 규범화에서 기술적 실현 가능성과 규범적 정당성 간의 조화를 보여 주는 시금석이라 할 수 있다. 우리나라를 비롯한 타국의 입법 설계에서도 이를 중요한 참고 기준으로 삼을 필요가 있다.

우리나라 「행정절차법」과 「개인정보보호법」의 적용 가능성

우리나라의 현행 법제에서도 설명 가능성과 유사한 규범이 존재한다. 대표적으로 「행정절차법」 제23조(처분의 이유 제시)는 행정청이 불리한 처분을 할 때 그 이유를 구체적으로 밝혀야 한다고 규정한다. 이는 인간 공무원에 의한 결정뿐 아니라 알고리즘 기반 결정에도 동일하게 적용되어야 한다.

또한 「개인정보보호법」 제37조의2는 자동화된 처리에 따른 결정에 대해 정보 주체가 그 처리를 거부하거나 설명을 요구할 수 있는 권리를 명시하고 있다. 이 조항은 「GDPR」 제22조와 유사한 취지이나 국내에서 실제 적용된 사례는 극히 드물며, 아직 하위 법령과 구체 지침이

미비한 상태다.

행정법적 차원에서 보면, 알고리즘을 통해 이루어진 결정도 '행정 처분'으로 간주된다면 당연히 처분 이유의 명시와 설명 의무가 적용되어야 한다. 이는 절차적 정당성 확보의 핵심 요건이며 「행정기본법」의 사전 예방 원칙과도 일맥상통한다.

문제는 현행 법령이 'AI에 의한 결정'이라는 특수성을 고려한 설명 방식이나 기술적 보완 장치를 규정하지 않고 있다는 점이다. 단순히 설명하라는 원칙만 있고 그 설명이 기술적으로 가능해야 한다는 전제가 결여되어 있다. 이로 인해 실효성 있는 설명은 제공되지 않고 법적 의무도 유명무실해질 수 있다.

또한 민간 분야에서는 설명 의무가 거의 적용되지 않으며 정보 비대칭이 극심한 상태다. 예컨대 신용 평가, 보험료 산정, 채용 등에서 사용되는 알고리즘에 대해 국민이 '왜 내가 탈락했는가'를 물을 권리가 거의 존재하지 않는다. 이는 알고리즘의 사회적 권력화를 견제하지 못하는 구조적 취약성이다.

따라서 우리 법제는 설명 가능성이라는 규범을 선언적으로만 담지 않고 기술 실현 가능성을 고려한 실행 수단, 설명 요건의 구체화, 사전 평가 제도의 강화 등을 통해 제도적 실효성을 확보해야 한다. 단순한 규정으로는 변화하지 않는다.

법적 의무로서 설명과 기술적 실현 가능성의 조화

설명 가능성을 법적 의무로 규정하는 데 가장 큰 난제는 기술적 실현 가능성과의 충돌이다. 법은 결과와 책임을 전제로 작동하는 반면, 딥러닝 기반 AI는 설명이 원천적으로 어렵거나 불가능한 구조를 가질 수 있다. 이 간극을 메우지 못하면 법적 의무는 선언에 머무르고 만다.

설명을 법적으로 강제할 경우, 개발자는 설명 가능한 범위 내에서만 모델을 설계하게 되어 기술 혁신이 위축될 수 있다. 반대로 설명을 기술의 자율성에 맡긴다면 시민의 권리 보장은 형식적 수준에 머물 위험이 크다. 이 긴장 관계에서 법은 선택의 기로에 선다.

가장 유력한 대안은 '상황별 · 위험 기반 차등 의무화'다. 즉, 고위험 분야(예: 공공 정책, 의료, 형사 사법 등)에서는 강한 설명 의무를 부과하고, 저위험 분야에서는 자율적 설명 또는 대체적 정보 제공 방식을 허용하는 체계다. EU 「AI법」이 이 모델을 취하고 있다.

또한 기술적 한계를 고려하여 '간접 설명'이나 '대리

설명'도 허용하는 입법 설계가 필요하다. 예컨대 모델 내부의 논리는 설명하지 못하더라도 입력-출력 간 상관관계나 주요 기준을 공개함으로써 실질적 납득 가능성을 확보하는 방식이다.

더 나아가 '책임 있는 설명 가능성(accountable explainability)'의 관점에서, 설명 그 자체보다 설명을 제공하지 못한 경우의 책임 구조를 명확히 정립하는 방향도 고려되어야 한다. 이는 기술 불가능성에 대한 예외 조항과 사전적 평가 체계(예: AI 영향 평가)의 도입을 통해 보완 가능하다.

결국 설명 가능성은 기술이 법을 따를 것인지, 법이 기술에 순응할 것인지를 묻는 질문이다. 민주주의와 법치주의를 지키기 위해서는 기술적 한계에 굴복하기보다 그것을 제도적으로 통제할 수 있는 규범적 상상력을 확보해야 한다.

04
AI 설명이 미치는 영향: 책임과 정당성의 연결 고리

AI 판단 결과에 대한 설명은 법적 책임을 규명하는 기반이 된다. 설명이 가능해야 행위자의 고의 · 과실 여부, 차별 존재, 합리성 여부 등을 판단할 수 있으며, 이는 민형사 책임뿐 아니라 행정상 정당성 판단에도 중요하다.

청각장애인과 AI?

설명 가능성과 책임 귀속의 관계

법에서 '책임'이란 단순한 결과에 대한 부담이 아니라 결과에 이르게 된 사유의 '정당성'을 평가한 후 귀속시키는 과정이다. 인공지능의 결정과 판단이 늘어날수록 우리는 그 결과에 대해 누가 어떻게 책임져야 하는지를 묻지 않을 수 없다. 이때 '설명 가능성'은 책임 귀속의 조건이자 사후 평가의 출발점이 된다.

AI 시스템의 결정이 설명되지 않는다면 그것이 누구의 잘못인지, 어떤 기준에서 문제가 발생했는지를 알 수 없다. 예컨대 자율 주행차의 사고에서 차량 제조사, 소프트웨어 개발자, 데이터 제공자 중 누구에게 책임이 있는지를 판단하기 위해서는 AI 시스템의 작동 과정을 설명할 수 있어야 한다.

설명이 없으면 책임은 공중에 붕 뜨고, 피해자는 보상을 받지 못하며 법은 권리 회복 기능을 상실하게 된다. 즉, 설명 가능성은 단지 보조적 수단이 아니라 법적 책임 체계가 작동하기 위한 필수 요소다. 이는 단지 민사 책임뿐 아니라 행정법과 형사법 영역에서도 동일하게 적용된다.

기존 법체계는 사람의 행위를 전제로 구성되어 있다. 그러나 AI는 명시적인 고의도 없고 판단 기준도 불투명하다. 이때 설명은 AI를 인간의 판단 체계에 연결시키는 가교 역할을 하며, 책임 귀속을 가능하게 하는 접속 인터페이스로 기능한다.

특히 조직 내부에서 AI의 결정이 이루어졌을 경우 누가 이를 설계하고 누가 이를 승인했으며, 그 결과에 대해 어떤 관리 감독 책임이 있었는지를 판단하기 위해서는 설명이 핵심적인 단서가 된다. 이는 회사법이나 「개인정보보호법」의 감시 의무 등과도 연결된다.

결국 설명 가능성이 없다면 책임 귀속도 없고 책임이 없다면 권리의 실현도 없다. 법은 설명 가능성을 전제로 책임의 정당한 구조를 형성하며, 이는 기술적 설명과 규범적 정당화가 서로 분리될 수 없음을 의미한다.

설명이 없는 결정의 법적 정당성

AI에 의한 결정이 아무런 설명 없이 내려졌을 때, 그것이 법적으로 정당하다고 평가될 수 있는가? 이는 인공지능 시대 법치주의가 직면한 핵심 질문 중 하나다. 설명이 없는 결정은 원칙적으로 법적 정당성의 기본 요건인 사유의 제시를 충족하지 못하며, 이는 절차적 위법성을 구성할 수 있다.

행정법상 처분은 그 사유가 명시되어야 하고, 사법부

의 판단은 논리적 근거에 의해 뒷받침되어야 한다. 이러한 원리는 AI에 의한 자동화된 판단에도 동일하게 적용되어야 하며, 그 판단이 법적 효력을 가지려면 정당화 가능한 사유가 존재해야 한다. 이는 단지 '결과'가 아니라 '이유'에 대한 요청이다.

예컨대 은행의 AI 시스템이 특정 고객의 대출을 거부했다면 고객은 그 사유를 설명받을 권리가 있다. 그 사유가 제시되지 않았다면 해당 결정은 무효가 되거나 차별적 판단이라는 의심을 받을 수 있다. 이는 '설명의 부재'가 곧 '정당성의 결여'로 간주될 수 있음을 의미한다.

법적 정당성은 단지 합리성(rationality)뿐 아니라 설명 가능성을 통해 구성된다. 이는 단지 내용의 정당성만이 아니라 절차의 정당성까지 확보되어야 한다는 헌법적 요청이기도 하다. 특히 공공 영역에서는 투명성과 국민의 수긍 가능성 확보가 필수다.

물론 일부 영역에서는 설명이 불가능한 경우도 존재할 수 있다. 하지만 이 경우에도 '설명할 수 없음에 대한 설명(explanation of inexplainability)'이 요구된다. 이는 딥러닝 기반의 블랙박스 모델에서 흔히 제기되는 설명 가능성의 한계를 인정하면서, 그 한계 자체를 사용자나 이해관계자에게 정직하게 알리고 투명하게 해명하려는 시도다. 따라서 이는 단지 면책 사유가 아니라 책임 회피의 정당성을 입증하는 방식으로 법적으로 설계되어야 한다.

결론적으로 설명이 없는 AI 결정은 원칙적으로 법적 정당성을 확보할 수 없다. 법은 단순히 결과를 승인하는 것이 아니라 그 결과에 도달한 과정을 승인하는 것이기 때문이다.

책임 회피 수단으로서의 '불가해성' 주장

AI를 둘러싼 책임 구조에서 종종 등장하는 논리가 "너무 복잡해서 설명할 수 없다"는 기술적 불가해성이라는 주장이다. 이러한 논리는 AI가 스스로 판단했고 인간은 그 결과를 단지 받아 보았을 뿐이라는 식의 책임 회피 메커니즘으로 악용될 수 있다.

법적으로는 '불가해성'을 근거로 책임을 면제받는 것이 허용될 수 없다. 오히려 책임 주체는 그러한 복잡한 시스템을 선택하고 배포한 자이며, 그 시스템이 설명 불가능한 경우에는 '위험의 예측 가능성 부족'에 대한 책임을 져야 한다. 이는「제조물책임법」이나 위험 책임 원리에 부합한다. 특히 민간 기업이 "AI가 판단했기 때문에 나는 책임이 없다"고 주장하는 경우, 이는 사실상 위험을 사회 전체로 이전하는 구조다. 법은 위험을 통제할 수 있는 자에게 책임을 묻는 원리를 바탕으로 작동하며 기술적 불가해성은 그 책임의 전가 사유가 될 수 없다.

불가해성을 주장하는 기업이나 공공 기관은 그 시스템을 채택하기 이전에 위험을 예측하고 대비할 의무가 있다. 이는 기술적 복잡성을 이유로 설명을 거부하는 행위가 오히려 사전적 관리 책임이나 감시 의무 위반으로 평가될 수 있음을 의미한다. 또한 기술적 설명이 어렵다면 그에 상응하는 비기술적 통제(예: 사전 인증, 알고리즘 감사, 인간 감독)의 도입을 통해 보완할 수 있어야 한다. 설명 불가능성을 단지 기술적 한계로만 치부해서는 안 되며, 이는 오히려 고위험 시스템 선택 시 책임 의무를 강화하는 요소로 작동해야 한다.

결국 법은 '불가해성'을 면책 사유로 받아들이는 것이 아니라 책임의 정당성을 요구하는 요소로 받아들여야 한다. 설명할 수 없는 기술을 사용하는 자는 설명할 수 없는 결과에 대해 책임을 질 각오가 있어야 한다.

설명을 통해 정당화되는 자동화 결정

AI 결정은 본질적으로 인간과 다른 방식으로 이루어지기 때문에 그 결과가 인간에게 납득되기 위해서는 반드시 '설명'이라는 다리 건너기가 필요하다. 이 설명을 통해 우리는 그 결정이 차별적이지 않고 자의적이지 않으며, 위험을 고려한 정당한 판단임을 확인할 수 있다.

특히 공공 정책이나 행정 결정에서 설명은 그 결정이 '민주적 정당성'을 획득하기 위한 핵심 수단이다. 투명한 설명은 시민의 신뢰를 강화하고 결정에 대한 수용성을 높이며, 이의 제기 절차의 실효성을 보장한다. 이는 단순히 정보의 문제가 아니라 정치 철학적 정당화의 문제다. 예컨대 복지 급여 산정에 사용된 알고리즘이 해당 시민의 자산과 소득 정보를 기반으로 정량적 점수를 산출했다고 하자. 그 과정이 명확히 설명된다면 해당 결정은 설령 불리하더라도 정당한 평가로 받아들여질 가능성이 크다. 이는 설명이 정당성을 구성하는 기제라는 점을 보여 준다.

반대로 동일한 결과라도 아무런 설명 없이 통보된다면 시민은 그 판단에 대한 신뢰를 가질 수 없고, 법적 절차는 형식적 통지에 그칠 수밖에 없다. 이는 단순히 기술의 문제가 아니라 공공 권력의 정당성 문제로 직결된다. 설명은 또한 자동화된 결정의 '가혹함'을 완화하는 역할도 한다. 인간적 요소가 배제된 결정은 때때로 냉정하고 기계적으로 느껴지지만, 설명을 통해 그 결정이 왜 그렇게 나올 수밖에 없었는지를 이해하게 되면 수용 가능성이 높아진다. 이는 설명이 가진 정치적-사회적 효용을 보여 준다.

결국 자동화 결정의 정당성은 설명을 통해 회복된다. 법은 설명을 단순한 기술적 부가 요소가 아니라 결과에 대한 사회적 수긍과 책임을 담보하는 핵심 메커니즘으로 위치시켜야 한다.

정당한 차별과 불법적 차별의 경계 판단

설명 가능성은 단지 책임의 문제를 넘어 '차별의 정당성'을 판단하는 기준으로도 기능한다. AI 결정이 특정 집단이나 개인에게 불리하게 작용했을 때 그것이 합리적 이유에 기반한 정당한 차별인지, 금지된 이유에 기반한 불법적 차별인지 판단하기 위해서는 설명이 필수다. 예컨대 채용 알고리즘이 특정 연령대나 성별에 속한 지원자를 낮은 점수로 평가했을 경우, 이는 자동화된 차별로 간주될 수 있다. 이때 해당 평가 기준이 직무와 관련된 정당한 요인인지, 또는 사회적 편견이 반영된 결과인지 판단하려면 AI의 판단 과정이 투명하게 설명되어야 한다.

현행 평등권 규범은 형식적 차별뿐 아니라 간접 차별에 대해서도 금지 원칙을 적용하고 있다. 간접 차별은 외형적으로는 중립적인 기준에 기반하더라도 결과적으로 특정 집단에게 불이익을 주는 경우를 말한다. AI의 자동화된 판단은 바로 이러한 간접 차별의 구조를 강화할 위험이 크다. 이러한 위험을 방지하기 위해서는 AI가 사용하는 변수, 가중치, 판단 모델이 사회적 맥락에서 어떤 함의를 가지는지를 지속적으로 모니터링하고, 그 설명을 통해 정당성과 합리성을 검증할 수 있어야 한다. 이는 기술적 검증이 아닌 규범적 평가의 영역이다.

또한 법은 차별 여부 판단에서 결과 중심 분석뿐 아니라 알고리즘 설계와 학습 데이터까지 포함한 '전체 생애주기적 평가'가 필요하다는 점을 점점 더 인정하고 있다. 이는 설명 가능성이 사후적 정당화뿐 아니라 사전적 예방 메커니즘으로도 기능해야 함을 의미한다.

결국 정당한 차별과 불법적 차별을 가르는 기준은 단순한 수치가 아니라 그 수치가 만들어지는 과정을 이해하고 통제할 수 있는가에 달려 있다. 설명은 바로 이 구분을 가능하게 하는 핵심 도구이며, 이는 AI 시대의 평등권 실현과 직결되는 문제다.

05
설명이 차별을 해명할 수 있는가: 편향과 불공정성의 진단 도구

AI는 학습 데이터의 편향을 그대로 재현하거나 확대할 수 있다. 이 장은 설명 가능성이 그러한 편향과 불공정성을 식별하고 시정할 수 있는 수단이 되는지를 검토한다. AI가 왜 어떤 결과를 냈는지 설명할 수 있어야 차별에 대한 의심을 확인하고 구제할 수 있다.

AI 콘텐츠 크리에이터?

AI 편향을 설명으로 식별할 수 있는가

AI 시스템의 편향은 주로 데이터 학습 단계에서 발생하며, 그것이 결정의 결과에까지 반영되어 사회적 불평등을 증폭하는 경우가 많다. 따라서 이러한 편향이 존재하는지를 식별하는 것은 AI 규제에서 핵심적인 과제다. 설명 가능성은 이러한 편향을 식별하는 첫 번째 진입점으로 작동할 수 있다.

AI 편향은 정량적 수치나 분류 정확도만으로는 드러나지 않는다. 예를 들어 동일한 정확도를 가진 모델이라도 특정 인종, 성별, 장애 여부에 따라 불균형적인 오차율을 보일 수 있다. 이러한 차이는 단지 모델의 성능이 아니라 사회적 정의와 평등권과 관련된 문제로 이해해야 한다.

설명 가능성 기법을 통해 변수별 기여도, 특정 집단에 대한 예측 경향성, 의사 결정 경로 등을 분석하면 편향의 단서를 확인할 수 있다. 예컨대 SHAP 분석은 특정 인구통계 변수(예: 성별, 나이)의 영향력을 시각화하여 해당 변수가 결과에 미친 영향을 추정하는 데 유용하다. 그러나 이러한 설명은 본질적으로 통계적 추정이며 항상 실제 편향의 '원인'을 정확히 밝히는 것은 아니다. 설명이 제공되더라도 그것이 왜 차별적 판단으로 이어졌는지를 정밀하게 분석하는 것은 여전히 법적·윤리적 해석이 요구되는 영역이다.

법적 측면에서는 설명이 편향을 '발견하는 수단'일 뿐 편향을 '해명하는 논거'로 오용되는 것을 경계해야 한다. 다시 말해 설명이 있다는 이유로 차별이 정당화되는 것이 아니라, 설명을 통해 차별이 존재했음을 증명하고 이를 제거하는 방향으로 기능해야 한다.

결론적으로 AI 편향은 설명을 통해 드러날 수 있지만 그것이 자동으로 해결되는 것은 아니다. 설명은 '문제를 식별하는 렌즈'일 뿐이며 그 이후의 판단과 대응은 결국 법적 책임 구조와 사회적 합의에 달려 있다.

차별 탐지 알고리즘의 설명 기술과 한계

차별 탐지 알고리즘과 설명 기술의 한계는 단지 기술적 제약을 넘어 사회적 맥락과 인식 구조의 복잡성에서 비롯된다. 예컨대 채용 알고리즘이 특정 대학교 출신을 반복적으로 선호하는 경향을 보인다고 가정해 보자. 표면적으로는 학력이라는 중립적 기준이 적용된 것처럼 보이지만, 사회 과학적으로 분석해 보면 이 대학이 특정 계층이나 지역 출신에게 유리한 입시 구조와 자원을 제공하고 있었다면, 이는 결과적으로 사회 경제적 배경에 따른 간접적 차별일 수 있다. 이 경우 단순한 '정량적 편향 탐지'는 이러한 배경 구조를 포착하지 못한다.

또 다른 예로 보험 알고리즘이 특정 직업군(예: 배달 기사, 콜센터 근무자)에게 더 높은 보험료를 책정하는 상황을 생각해 볼 수 있다. 이들 직업은 통계적으로 사고 위험이 높을 수 있으나, 사회 과학적으로는 비정규직과 저소득층이 집중된 직종이기 때문에 해당 결과는 구조적 취약 계층에 대한 불이익으로 해석될 수 있다. 이 경우 설명 기술이 단순히 "사고 확률이 높기 때문"이라는 분석을 제공하더라도 그것이 사회적 정당성을 담보하지는 못한다.

이러한 예시는 공정성을 단일 기준으로 환원할 수 없다는 점을 강조한다. 어떤 기준은 형식적 평등(formal equality)을 강조하고, 어떤 기준은 실질적 평등(substantive equality)을 요구한다. 가령 "모두에게 같은 기준을 적용했다"는 설명이 법적으로는 정당해 보일 수 있지만, 사회학적으로는 기존 불평등을 고착화하는 '차별의 재생산'이 될 수 있다. 설명 기술은 이러한 다층적 판단 구조를 고려하지 않고 결과 수치에 집중하는 경향이 있다.

결국 차별 탐지 알고리즘은 사회 과학적 통찰 없이는

법적 정의에 부합하는 설명을 제공하기 어렵다. 법은 인간 존엄성과 사회적 약자 보호를 핵심 가치로 삼기 때문에 단지 알고리즘이 출력한 수치나 시각화를 넘어, 왜 그러한 결과가 나왔는지, 그것이 사회 구조 속에서 어떤 의미를 가지는지를 종합적으로 해석해야 한다. 기술적 설명이 정답을 제공하는 것이 아니라 사회적 판단을 위한 자료로 기능해야 하는 이유다.

데이터 편향과 알고리즘 결과의 상관관계

AI의 편향은 단순히 알고리즘의 오류에서 발생하는 것이 아니다. 대부분은 데이터 편향에서 비롯된다. 입력 데이터가 특정 집단을 과소 대표하거나 왜곡된 정보로 구성되어 있다면, 알고리즘은 그 편향을 '정확히' 학습함으로써 결과에서 재생산하게 된다. 예를 들어 채용 데이터를 기반으로 학습한 AI가 과거에 여성 지원자를 덜 채용한 기록을 그대로 학습한다면, 이는 여성에 대한 불이익을 현재에도 반복 재현하게 되는 결과를 낳는다. 이는 알고리즘 자체가 문제라기보다 그 기반이 된 데이터 구조의 편향에서 기인한 것이다.

설명 가능성은 이러한 데이터 편향과 알고리즘 결과 사이의 인과적 연결을 드러내는 데 중요한 역할을 할 수 있다. 변수의 중요도 분석, 조건부 확률 분석, 결과별 집단별 차이 비교 등을 통해 편향된 데이터 구조가 결과에 어떤 영향을 미쳤는지를 추정할 수 있다.

그러나 이때 설명이 데이터 편향을 '자연스러운 것'으로 정당화하는 오류에 빠질 위험도 존재한다. 즉, 과거 데이터에 기반한 설명은 종종 '기존의 불평등'을 설명하는 것에 그치고, 이를 개선할 방향을 제시하지 못하는 한계를 보인다.

법적으로는 데이터 편향이 있다는 사실만으로도 해당 AI 시스템의 결과가 정당하지 않다는 추정을 가능하게 해야 한다. 설명은 그 정당성 여부를 가리는 증거일 뿐 아니라 사전적 감시와 규제의 근거로 기능할 수 있어야 한다.

결국 설명 가능성은 데이터 편향의 존재를 드러내는 진단 도구이지, 그것을 정당화하는 논거가 되어서는 안 된다. 법은 설명을 활용하여 구조적 편향의 연쇄 고리를 끊어 내고, 평등권의 실질적 보장을 위한 수단으로 전환되어야 한다.

설명이 사회적 약자를 위한 보호 수단이 될 수 있는가

AI가 사회에 미치는 영향은 평등하게 분배되지 않는다.

알고리즘의 결정은 대개 정보에 민감하고, 절차의 복잡성은 이해 접근성을 제한하기 때문에 사회적 약자일수록 그 불이익을 감지하거나 문제 제기를 하기가 어렵다. 이때 설명 가능성은 정보의 불균형을 완화하고 권리의 실현을 돕는 수단이 될 수 있다.

설명은 약자가 자신의 권리를 인식하고 문제를 제기하며 법적 구제를 요청할 수 있도록 하는 '디지털 환경의 접근 가능성' 보장 장치다. 이는 단순히 기술적 설명을 제공하는 것이 아니라 그 설명이 읽히고 해석되며, 대응으로 이어질 수 있는 사회적 구조를 함께 갖춰야 함을 의미한다.

예컨대 채용이나 대출에서 불이익을 받은 개인이 자신의 데이터가 어떻게 활용되었고 어떤 기준에 따라 탈락했는지를 설명받는다면, 이는 정당성에 대한 의문을 제기하고 차별에 대한 법적 구제 절차로 진입할 수 있는 출발점이 된다.

그러나 현재의 설명 제공 방식은 여전히 기술 중심, 개발자 중심으로 이루어져 있으며 수혜자의 언어, 지식수준, 정보 접근 능력을 충분히 고려하지 않는 경우가 많다. 특히 정보 취약 계층은 설명을 받더라도 그것이 무엇을 뜻하는지를 파악하기 어렵다.

법적 차원에서는 설명의 '형식'뿐 아니라 '실질적 이해 가능성'을 기준으로 설명 의무의 충실도를 판단해야 한다. 이는 공공 기관의 행정 절차뿐 아니라 민간 기업의 자동화된 서비스 제공에서도 점점 더 요구되는 기준이 될 것이다.

따라서 설명 가능성은 기술적 투명성을 넘어 사회적 약자의 권리 보장을 위한 제도적 도구로 발전해야 한다. AI 시대의 평등은 설명에 접근할 수 있는 능력에서부터 출발한다는 사실을 법은 외면해서는 안 된다.

설명된 차별에 대한 법적 구제 가능성

설명을 통해 차별이 드러났을 때 그것이 법적으로 구제될 수 있는가? 이는 설명 가능성의 실효성을 결정짓는 핵심 문제다. 설명은 단지 문제의 발견이 아니라 그 문제에 대해 구제 수단을 행사할 수 있는 절차의 입구가 되어야만 의미를 갖는다.

현재 대부분의 법체계는 직접적인 차별, 명시적 차별에 대해서는 상대적으로 구제 수단이 잘 마련되어 있지만, AI를 통한 자동화된 간접 차별, 알고리즘적 차별에 대해서는 구체적인 법적 판단 기준이 정립되지 않은 상태다. 이로 인해 설명이 존재하더라도 그것을 법적 청구로 전환하기 어렵다.

설명된 차별이 실질적으로 구제되기 위해서는 첫째, AI에 의한 판단도 인간의 결정과 동일하게 평등권의 적용을 받는다는 원칙이 정립되어야 한다. 둘째, 알고리즘이 차별을 발생시킨 경우 그 의도와 무관하게 책임이 발생함을 법이 명시해야 한다. 셋째, 피해자가 구제 청구를 제기할 수 있는 절차적 장치가 명확히 마련되어야 한다.

예컨대 설명을 통해 성별 변수의 간접 영향이 지속적으로 작용했음을 밝혀냈다면, 이는 단지 정책 개선의 자료로만 남을 것이 아니라 실제 피해자가 손해 배상을 청구하거나 시정을 요구할 수 있는 권리로 연결되어야 한다.

이를 위해서는 설명된 편향을 입증 책임의 전환 요건으로 간주하는 입법적 정비도 필요하다. 즉, 설명을 통해 차별이 합리적으로 의심될 경우 그 정당성을 사용자나 개발자가 입증해야 하는 구조가 바람직하다.

결국 설명은 시작일 뿐이며, 진정한 평등은 설명된 차별을 구제할 수 있는 권리 체계가 작동할 때 실현된다. AI 시대의 평등은 기술 너머의 규범적 판단과 제도적 실천으로 뒷받침되어야 하며, 그 연결 고리가 바로 '설명된 권리'의 법적 구제 가능성이다.

06
설명의 허구:
기업의 책임 회피 도구가 되는가?

설명 가능성은 종종 기술적 책임의 표면적 이행을 위한 장치로 변질된다. 기업은 실제로 이해 가능한 설명이 아닌 마케팅성 요약 정보만을 제공함으로써 법적 면책을 도모하기도 한다. 이는 사용자에게 혼란을 야기하고 오히려 기술적 불신을 확대한다.

기업이 제공하는 '설명'의 무의미성

많은 기술 기업이 XAI 기능을 도입하고 있다고 홍보하지만 실제로 제공되는 설명의 내용은 종종 피상적이거나 무의미하다. 이른바 "설명 있는 블랙박스"의 시대에 우리는 형식만 갖춘 설명, 내용 없는 정보에 점점 익숙해지고 있다. 이는 사용자가 알고리즘의 작동 방식을 이해하지 못한 채, 단지 설명이 제공되었다는 사실만으로 정당성을 인정하게 되는 왜곡된 구조다.

기업들이 제공하는 설명은 대부분 자동 생성된 요약이거나 기계 학습 모델의 결괏값을 단순히 시각화한 정도에 불과하다. 예컨대 "당신의 신용 점수가 낮아 대출이 거절되었습니다"라는 설명은 실제로는 아무런 판단 기준도 제공하지 않는다. 이는 단지 '결과'를 다시 말하는 것일 뿐 '이유'를 설명한 것이 아니다.

이러한 설명의 무의미성은 특히 고위험 영역에서 심각한 문제를 일으킨다. 의료, 고용, 교육 등 삶에 중대한 영향을 미치는 결정에서 제공되는 설명이 추상적이거나 일반적인 문구에 불과하다면, 이는 오히려 판단의 정당성을 흐리는 역할을 한다. 사용자 입장에서는 오히려 더 큰 혼란과 불신을 야기하게 된다.

법적으로는 설명의 형식보다 '내용'이 중요하다. 사유

를 명확히 제시하고, 그 판단이 합리적 기준에 의해 이루어졌음을 밝혀야 한다는 원칙은 단지 행정법뿐 아니라 민사법, 형사 절차에서도 적용되는 기본 원칙이다. 이러한 기준을 충족하지 못하는 설명은 법적 설명 의무 이행으로 간주되어서는 안 된다.

더 나아가 기업이 설명 제공이라는 명목으로 정당성을 주장하는 경우, 실제 그 내용이 무의미하다면 이는 형식적 책임 회피에 불과하다. 즉, 설명은 있어야 한다는 이유로 아무 설명이나 제공하는 행태는 법의 실질적 정당성 원칙에 반하는 것이다.

따라서 법은 설명의 '충분성'과 '정확성'을 기준으로 기업의 설명이 책임 회피인지, 정당한 설명인지 평가할 수 있어야 하며 설명의 질적 기준을 명확히 법제화하는 작업이 시급하다.

기술적 설명이 책임의 근거가 될 수 없는 이유

기술적으로 생성된 설명이 존재한다고 해서 그것이 곧 법적 책임의 근거가 되는 것은 아니다. 설명은 단지 이해를 돕는 수단이지, 행위의 정당성이나 결과의 책임성을 입증하는 수단이 될 수는 없다. 그러나 많은 기업들은 기술적으로 생성된 설명이 존재한다는 이유로 법적 책임을 회피하거나 정당화하려는 시도를 한다. 예컨대 알고리즘이 특정 결과를 도출했을 때, 기업은 LIME나 SHAP 분석 등을 통해 "이러한 변수가 판단에 영향을 미쳤다"는 설명을 제시한다. 그러나 이는 단지 확률적 기여도를 추정한 것일 뿐 결과의 직접적인 원인이나 결정 과정의 합법성을 입증하는 근거는 될 수 없다.

법적으로 책임이 성립하려면 그 결정이 어떤 기준에 따라 이루어졌으며, 해당 기준이 정당하고 합법적인지를 명확히 밝혀야 한다. 단지 기술적 설명으로 변수의 기여도만 제시하는 것은 인과 관계와 정당성을 해명하는 데 매우 부족하다. 기술은 해석을 제공할 수 있지만 판단의 책임을 대신할 수는 없다.

또한 기술적 설명은 이해 가능한 범위를 넘어서는 경우가 많다. 일반 사용자가 받아들이기 어려운 수학적 모델이나 그래프, 확률 수치는 오히려 '이해 불가능성'을 정당화하는 수단으로 작용할 위험이 있다. 이는 법이 요구하는 '이해할 수 있는 이유 제시'와 충돌한다.

이러한 설명은 법정에서 책임 판단의 '도구'로 활용될 수는 있지만 책임의 '면책 사유'로 간주되어서는 안 된다. 기술이 제공하는 설명은 참고 자료일 뿐, 법적 책임은 여전히 행위자 또는 시스템 운영자의 판단과 통제 능력에 근거하여 평가되어야 한다.

결국 설명은 책임을 구성하는 근거가 아니라 책임을 정당화하기 위한 최소 조건 중 하나다. 기술적 설명이 있다고 하여 곧바로 기업의 행위가 합법적이거나 정당하다고 단정할 수 없다는 점을 법은 분명히 해야 한다.

설명이 책임이 아니라 마케팅 수단으로 쓰이는 문제

오늘날 많은 기업은 XAI를 제공한다고 홍보하며 이를 경쟁력 있는 기술력의 상징으로 내세운다. 그러나 현실에서 이러한 '설명'은 제품의 실질적 책임성과는 무관한 마케팅 도구로 활용되고 있다. 이는 설명이 오히려 기업의 브랜드 이미지 강화, 소비자 신뢰 확보, 규제 회피 수단으로 변질되는 구조를 만들어 낸다.

설명 가능성은 본래 투명성과 책임성을 높이기 위한 규범적 개념이었으나 기업의 홍보 전략에 편입되면서 '설명을 한다'는 행위 자체가 면책과 정당화의 구실로 작동하고 있다. 이는 법적 정당성과 사회적 신뢰가 혼동되는 지점이며 기술 규범의 시장화 현상이라고 볼 수 있다.

예컨대 금융 분야의 AI 상품은 '설명 가능한 신용 평가'를 내세우며 소비자 보호를 강조하지만, 실제로는 알고리즘의 세부 구조나 데이터 편향 여부에 대해서는 전혀 공개하지 않는다. 표면적으로는 신뢰를 약속하면서 본질적으로는 정보 비대칭을 유지하는 이중 구조다.

이러한 마케팅 기반 설명은 규제 기관에도 영향을 미친다. 기술적 설명이 존재한다는 이유로 규제 당국이 판단을 유보하거나 외부 감시가 약화되는 현상도 나타나고 있다. 이는 설명의 외피만을 확인하고 실질적 위험 통제는 생략하는 결과를 초래한다.

법적으로는 설명이 제품의 기능 중 하나로 전락하지 않도록 설명 의무와 그 실질적 내용을 명확히 규정해야 한다. 특히 「소비자보호법」이나 AI 규제 법안에서 '설명의 진실성'과 '설명의 적절성'에 대한 기준을 마련하고, 허위 또는 과장된 설명에 대해 법적 제재를 부과할 필요가 있다.

결국 설명 가능성이 단지 '팔기 위한 설명'이 되는 순간 그것은 책임의 장치가 아니라 책임을 회피하는 전략이 된다. 법은 설명의 상품화를 통제하고 규범으로서의 설명 개념을 회복해야 한다.

모호한 설명으로 인한 사용자 혼란과 통제 상실

설명은 사용자의 이해를 돕기 위한 것이지만, 오히려 그 설명이 모호하거나 불명확할 경우 사용자에게 혼란을 유발하고 자신의 권리를 행사하지 못하게 만드는 역효과를 낳는다. 특히 AI의 결정이 모호한 기술 언어로 설명될 때 사용자는 판단의 기준을 파악하기 어려워지고, 사실상 '알권리'가 침해된다.

예를 들어 "당신의 행동 특성이 통계적으로 부정적 분류에 속합니다"라는 설명은 구체적으로 어떤 행동이 문제였는지, 어떤 기준에 따라 분류되었는지를 전혀 알 수 없게 만든다. 이는 사용자에게 사실상 아무것도 제공하지 않으면서도 설명 의무를 이행한 것처럼 보이게 만드는 형식적 설명이다.

이러한 모호한 설명은 '정보 제공'이라는 이름으로 '통제 상실'을 유도한다. 사용자는 정보를 받았지만 해석할 수 없고 반론을 제기할 수 없으며, 시스템을 수정하거나 피할 수 있는 방법도 없다. 결국 이는 정보 비대칭의 고착화를 초래하며 사용자의 자율성과 자기 결정권을 심각하게 침해한다.

법적으로는 설명이 단지 존재하는 것이 아니라 이해 가능해야 한다는 기준이 중요하다. 이는 「행정절차법」의 이유 제시 원칙, 민사법상의 설명 의무, 형사 절차에서의 방어권 보장 원칙과 일맥상통한다. 설명이 의미를 지니기 위해서는 수신자가 그것을 받아들이고 판단할 수 있어야 한다.

또한 모호한 설명은 잘못된 확신을 심어 주는 위험이 있다. 사용자는 설명이 있다는 이유로 판단이 공정했을 것이라는 착각에 빠지기 쉽고 이로 인해 문제 제기를 포기하게 된다. 이는 사법적 감시의 출발점을 차단하는 효과를 낳는다.

따라서 설명의 명확성, 이해 가능성, 목적 적합성은 모두 법적 설명 의무의 핵심 기준이 되어야 하며, 이를 만족하지 못하는 설명은 '허위 설명'에 준하는 법적 불이행으로 간주되어야 한다.

설명이 없는 AI와 허위 설명 AI 사이의 선택지

오늘날 우리는 '설명이 전혀 없는 AI'와 '허위 또는 왜곡된 설명이 제공되는 AI' 사이에서 선택을 강요받는 상황에 직면해 있다. 이는 두 가지 모두 법적으로 바람직하지 않으며 사용자의 권리 실현에 심각한 제약을 초래한다. 이러한 선택지는 법적 · 사회적으로 모두 실패한 설계다.

설명이 전혀 없는 AI는 책임 주체를 특정할 수 없고 피해자 보호를 위한 사후 구제도 어렵다. 반면 허위 설명은 표면적으로 존재하지만 실질적으로 진실을 은폐하며,

오히려 사용자에게 '설명받았다'는 잘못된 확신을 제공함으로써 이의를 제기할 수 있는 기회를 박탈한다.

법의 관점에서 보면 설명의 부재는 '절차적 위법'의 문제이고, 허위 설명은 '실체적 기망'의 문제다. 전자는 사유 제시 의무 위반이고, 후자는 사기 내지 기망적 정보 제공 행위로 해석될 수 있다. 둘 다 권리 구제 절차를 방해하며 책임 회피의 기제로 악용된다.

이러한 상황에서 법은 단순히 '설명하라'고 요구하는 것에서 나아가 '어떻게 설명할 것인가'에 대한 기준을 마련해야 한다. 이는 설명의 질적 기준을 세우고 허위 · 기만적 설명에 대해서는 처벌과 시정 조치를 함께 규정하는 방식으로 가능하다.

또한 규제 기관은 설명이 단지 존재하는지를 점검하는 데 그치지 말고, 그 설명이 실제로 이해 가능하고 반론 가능한지를 평가할 수 있는 전문성을 갖춰야 한다. 이는 AI 인증 제도, 알고리즘 감시 기구, 소비자 보호 기관의 기능 강화와 직결된다.

결론적으로 우리는 설명 없는 AI와 허위 설명 AI 사이에서 양자택일을 요구받아서는 안 된다. 법은 이 두 위험을 모두 피할 수 있는 세 번째 경로, 즉 책임 있고 진실된 설명이 가능한 구조를 제도적으로 설계할 책임이 있다.

07
국제 비교: EU, 미국, 일본의 설명 가능성 규범과 사례

설명 가능성에 대한 법 제도는 국가별로 상이하게 구성되어 있다. EU는 「AI법」을 통해 설명 가능성과 투명성에 대한 강한 규제적 입장을 취하고 있으며, 「GDPR」은 자동화된 결정에 대한 설명 요구권을 명문화했다. 미국은 명시적 규제보다는 FTC의 권고와 윤리 지침 중심의 접근을 취하고 있으며, 일본은 '신뢰할 수 있는 AI'를 중심으로 설명 가능성을 강조한다.

AI와 애니메이션?

EU 「AI법」과 설명 가능성: 법적 구속력 여부

EU 「AI법」은 고위험 인공지능 시스템에 대한 포괄적 규제를 도입하면서 설명 가능성을 중요한 원칙으로 명시했다. 특히 제13조는 고위험 AI에 대해 명확하고 이해가능한 정보 제공을 의무화함으로써, 설명 가능성이 단순한 윤리적 권고를 넘어 '법적 의무'로 전환된 대표적 사례로 평가된다.

이 조항에 따르면 시스템의 기능, 작동 방식, 의사 결정 논리, 사용자의 역할 및 제한 사항 등을 설명할 것을 요구하며, 이 정보는 '명확하고 간결하며 사용자 친화적인 형태'로 제공되어야 한다. 이는 기술적 배경지식이 없는 일반 시민도 AI 판단 과정을 납득할 수 있어야 함을 전제로 한다.

설명 가능성의 법적 구속력을 논할 때 핵심은 '위반 시 제재 가능성'이다. EU 「AI법」은 규정을 위반한 기업에 최대 3000만 유로 또는 전 세계 매출의 6%에 해당하는 과징금을 부과할 수 있도록 하고 있어 설명 의무는 실질적인 법적 강제력을 가진다.

이와 같은 강한 집행 구조는 단지 설명을 권고하는 데 그치지 않고, 기업의 시스템 설계 초기 단계부터 설명 가능성을 내재화하게 하는 강력한 유인으로 작동할 것으로 예상된다. 이는 설명 가능성이 기술적 기능이 아니라 법적 책임의 일부로 전환되었음을 의미한다.

EU는 설명 가능성을 신뢰할 수 있는 AI(trustworthy AI)의 핵심 요소로 간주하며, 이는 단순히 개인 보호를 넘어서 사회 전체의 민주적 통제 및 권력 분산 장치로 작동한다. EU「AI법」은 설명 가능성의 규범화를 전면화한 최초의 입법적 시도로, 향후 각국 입법의 기준이 될 가능성이 높다.

결국 EU「AI법」은 설명 가능성을 규범이 아닌 규제로 자리매김하였고, 그 구속력은 강제 조항과 집행 체계를 통해 현실화되고 있다. 이는 설명 가능성이 더 이상 윤리적 원칙에 머물 수 없음을 보여 주는 대표 사례다.

「GDPR」의 자동화된 결정권 조항 해석 사례

EU「GDPR」제22조는 개인이 전적으로 자동화된 결정에 따르지 않을 권리를 명시함으로써 설명 가능성과 연결된 권리적 기반을 제시했다. 이 조항은 특히 신용 평가, 고용, 보험 등 자동화 의존도가 높은 분야에서 핵심적인 법적 근거로 기능하고 있다.

실무에서 논란이 되었던 부분은 이 조항이 '설명의 권리'를 포함하는지 여부였다. 「GDPR」 자체에는 "설명을 받을 권리"라는 문구가 직접적으로 명시되어 있지는 않지만 해석상 '의미 있는 정보'에 설명이 포함된다고 보는 견해가 우세하다.

대표적인 판례로는 영국의 브리지스 대 웨일스 남부 경찰청장 사건[R. (Bridges) v. Chief Constable of South Wales Police]이 있다. 이 사건에서 법원은 안면 인식 시스템의 자동화 판단에 대한 사유 제시가 불충분하다고 판단하였으며, 이는 설명 의무의 부존재가 개인 정보권 및 공정 처리 원칙 위반이라는 점을 강조한 판결이었다.

또한 프랑스 데이터보호감독기구(CNIL)는 일부 기업이 자동화된 처리에 대해 "일반적 설명"만 제공한 점을 문제 삼아 의미 없는 설명은 「GDPR」의 정보 제공 의무 위반이라고 판단했다. 이는 설명이 단지 형식적 수단이 아닌 실질적 이해를 가능케 해야 한다는 점을 강조한 사례다.

「GDPR」 제22조의 중요성은 법적 해석을 통해 설명 가능성의 실효성을 높일 수 있다는 점이다. 직접적인 설명 권리가 명시되어 있지 않더라도, 감독 기구와 법원이 '공정한 처리' 원칙을 통해 그 범위를 넓혀 가고 있다는 점에서 유연한 규범 진화가 가능함을 보여 준다.

따라서 「GDPR」 제22조는 설명 가능성의 규범화를 위한 권리 기반을 제공하는 동시에, 판례와 감독 기관(supervisory authority)의 해석을 통해 실질적 효력을 확장하는 제도적 토대를 형성하고 있다.

미국 FTC의 '알고리즘 투명성' 관련 권고

미국 연방거래위원회(FTC)는 인공지능 및 자동화 시스템에 대해 법적 규제보다는 권고 중심의 접근을 취하고 있다. 그러나 이러한 권고는 사후 제재에서 실질적인 판단 기준이 되며, 특히 알고리즘의 투명성과 설명 가능성 문제에서 중요한 역할을 한다.

FTC는 2021년 AI 사용 기업들에게 공정성(fairness), 투명성(transparency), 설명 가능성을 갖춘 운영을 요구하며, 알고리즘 모델의 작동 원리와 판단 기준을 명확히 설명할 책임이 있다고 강조했다. 이 원칙은 법적 의무는 아니지만 기업의 자율적 책임과 소비자의 알권리 사이의 균형을 제시하는 가이드라인이다.

특히 FTC는 기업이 AI 시스템의 목적, 작동 기준, 데이터 구성 요소 등에 대해 소비자에게 모호하거나 축소된 설명을 제공할 경우, 이는 미국의 「연방거래위원회법(FTC Act)」 제5조에 따른 소비자 보호 규정 위반, 즉 기만행위로 간주될 수 있다고 경고한 바 있다. 이처럼 설명 가능성은 법에 직접 명시되진 않더라도 설명의 부족은 법적 책임을 불러올 수 있다.

대표 사례로 2022년 AI 기업 에버앨범(Everalbum) 사건이 있다. 이 회사는 얼굴 인식 기술을 통해 수집한 사용자 데이터를 AI 학습에 사용하면서도 이에 대해 충분하고 명확한 설명을 제공하지 않았다. FTC는 이를 소비자를 오도한 행위로 판단하여 시정 조치를 명령했다. 이 사건은 설명의 기술적 충실성보다 소비자의 '신뢰 가능성 있는 이해'가 핵심이라는 점을 보여 준다.

또한 FTC는 AI 시스템의 감사 가능성(auditability)을 강조하면서 설명 가능성을 보장하기 위한 내부 문서화, 로그 기록, 독립적 검토 체계의 구축 등을 권고하고 있다. 이는 설명이 단순한 기능이 아니라 사후 정당성을 뒷받침할 제도적 인프라임을 의미한다.

이와 같이 미국은 자율 규제를 기본으로 하되, 설명의 부재나 왜곡이 있을 경우에는 「소비자보호법」을 통해 규제 가능한 구조를 형성하고 있다. 이는 기술 기업 중심의 시장에서 자율성과 책임을 병행하는 설명 가능성 확보 방식의 하나로 평가된다.

일본의 "AI 전략 2022"에서의 설명성 요소

일본은 "AI 전략 2022"를 통해 정부 주도의 기술 개발과 사회 수용성 확대를 동시에 추구하고 있으며, 이 과정에서 설명 가능성은 '신뢰 구축'을 위한 핵심 조건으로 강조된다. 특히 일본은 설명 가능성을 단일 개념으로 보지 않고 '이해 가능성'과 '설명 가능성'의 이중 구조로 구분하여 정책적으로 접근하고 있다.

정부는 "사회적 수용성 확보를 위한 AI 가이드라인"(2021)에서 설명 가능성을 '사용자가 AI의 판단과 그 정당성을 납득할 수 있도록 정보를 제공하는 것'으로 정의한다. 이는 기술 중심의 XAI 개념과는 달리 수신자 중심의 커뮤니케이션 윤리를 강조한 정의로, 단순히 설명을 제공하는 것이 아니라 상대방이 납득할 수 있는 방식으로 전달할 것을 요구한다.

"AI 전략 2022"에서는 설명 가능성을 확보하기 위한 연구 개발의 필요성이 명시되어 있으며, 특히 의료 · 법률 · 금융 등 고위험 분야에서 우선적으로 설명 가능성을 내재화할 것을 정책 방향으로 제시하고 있다. 구체적으로는 데이터 시각화, 설명 알고리즘 개발, 사용자 피드백 수렴 시스템 구축 등이 주요 과제로 설정되어 있다.

기술적 측면에서는 일본 신에너지 · 산업기술종합개

발기구(NEDO)가 중심이 되어 XAI 프레임워크를 개발 중이며, 이를 자동차 · 의료 등 다양한 산업 분야에 적용하는 실증 프로젝트가 활발히 진행되고 있다. 특히 사용자 인터페이스 설계를 통해 설명의 수용성을 높이는 방안이 주요 연구 주제로 부상하고 있다.

법 제도 측면에서는 2022년 개정된 「개인정보보호법(個人情報の保護に関する法律)」에 자동화된 판단에 대한 '설명 요구권'은 명문화되지 않았지만, 행정 기관의 결정이나 공공 시스템 운영에서는 점진적으로 투명성과 설명 의무가 강화되고 있다. 이러한 변화는 법적 구속력보다는 사회적 기대와 정책 유도를 통해 설명 가능성을 제도화하는 방향으로 이해될 수 있다.

결국 일본은 설명 가능성을 기술적 수단이 아닌 사회적 신뢰의 조건으로 규정하며, 기술 개발과 제도 정비를 유기적으로 병행하는 유연한 정책 접근을 취하고 있다. 이는 기술 중심의 국가와 규범 중심의 국가 사이에서 의미 있는 중도적 모델로 평가될 수 있다.

ISO/IEC의 XAI 관련 규격 동향

국제표준화기구(ISO/IEC)는 인공지능 시스템의 설명 가능성 확보를 위한 기술적 · 윤리적 기준을 마련하기 위해 다양한 작업반(TC 229, SC 42 등)을 운영하고 있다. 이 국제 표준은 각국의 법 제도와 기술 지침의 기초가 되는 중요한 기준점으로 기능한다.

2022년 발행된 ISO/IEC 23894 "인공지능 위험 관리(Artificial Intelligence－Risk Management)"는 AI 시스템의 위험 식별 및 통제를 위한 핵심 원칙 중 하나로 설명 가능성을 포함하고 있다. 이 문서는 설명 가능성을 단순한 기술 문제가 아니라 책임성과 신뢰 구축을 위한 전략적 요소로 정의한다.

또한 ISO/IEC 24029 시리즈는 '인공지능 신경망의 견고성 평가'를 위한 기술 표준을 다루면서 설명 가능성의 구성 요소를 명시했다. 여기에는 모델 해석성, 의사 결정 경로 추적 가능성, 사용자 맞춤형 설명 수준 제공 등이 포함된다. 이는 설명이 단일 기술이 아니라 '설계 체계 전체'와 관련된 것임을 시사한다.

국제 표준은 법적 구속력은 없지만 국제 인증 체계와 연계되어 실질적인 규제 효과를 갖는다. 예컨대 ISO 인증을 받은 AI 시스템은 시장 진입, 공공 조달, 규제 대응에서 유리한 위치를 점하게 된다. 따라서 설명 가능성 기준은 기술 설계와 산업 경쟁력의 핵심 요소로 점점 인식되고 있다.

우리나라를 포함한 주요국은 이 표준 작업에 참여하며 자국의 기술 전략과 규제 정책에 반영하고 있으며, 이는 향후 국가 간 데이터 및 AI 상호 인증 체계에서 설명 가능성 요건이 무역 장벽이 될 수 있다는 점도 시사한다. 따라서 국제 표준의 동향을 적극적으로 추적하고 법제화와 연계하는 노력이 필수다.

결국 ISO/IEC의 XAI 표준은 설명 가능성을 제도화하는 글로벌 기반이며, 기술이 규범을 따르도록 유도하는 규제 메커니즘으로 작동한다. 국내 법제는 이를 기준 삼아 설명의 구체성과 실효성을 확보할 수 있도록 입법적 정비를 해야 할 시점이다.

08
설명 가능 AI와 인간-기계 상호 작용의 재설계

설명이란 단지 정보를 제공하는 것이 아니라 인간이 AI의 판단을 받아들이고 판단 근거를 신뢰할 수 있게 만드는 커뮤니케이션 구조다. 이 장은 사용자에게 '이해 가능한 설명'이 무엇을 의미하는지를 중심으로 인터페이스 설계, 정보 표현 방식, 개인 맞춤형 설명 등의 요소를 분석한다.

AI와 인재 채용?

이해 가능한 설명이란 무엇인가?

설명 가능성이라는 개념은 종종 기술적으로 설명 가능한 구조의 존재를 의미하는 것으로 오해된다. 설명이 존재한다는 것과 설명이 인간에게 이해된다는 것은 전혀 다른 문제다. 인간 사용자에게 '이해 가능한 설명'이란 단지 정보를 제공받는 것을 넘어 그 정보를 자기 맥락 속에서 납득할 수 있도록 해 주는 과정을 포함한다.

예컨대 고령의 사용자가 의료 판단을 위해 AI의 조언을 듣는 경우, 그에게 "95% 신뢰도로 폐암일 확률이 있습니다"라는 기술적 수치는 아무 의미가 없을 수 있다. 그보다 "CT 영상에서 특정 부위가 다른 환자와 비교해 암 진단과 유사한 패턴을 보입니다"라는 설명이 훨씬 효과적이다. 결국 '이해 가능성'은 수신자의 지식수준, 배경, 결정 맥락을 고려한 커뮤니케이션의 문제다.

법적으로도 '설명'은 단지 존재할 뿐 아니라 실질적으로 이해되어야 한다. 이는 「행정절차법」상 사유 제시 의무, 계약법상 설명 의무, 「소비자보호법」상 고지 의무 등에서 반복적으로 확인되는 원칙이다. 이해할 수 없는 설명은 사실상 '설명이 없는 것'과 같다.

AI 설명도 마찬가지다. 설명이 사용자의 판단에 실질적 영향을 미치려면 그 내용이 해석 가능하고, 신뢰를 형성하며 이의 제기와 피드백이 가능하도록 설계되어야 한다. 따라서 법은 단순히 설명이 제공되었는가가 아니라 그것이 이해 가능한 수준인가를 기준으로 책임 여부를 따져야 한다.

'이해 가능한 설명'을 확보하기 위한 핵심 요소는 언어 선택, 정보 구조화, 사례 제공, 비교 설명 등이다. 이는 단순한 기술적 구조가 아니라 커뮤니케이션 전략의 문제이며, 따라서 설명 가능성은 사용자 경험(UX) 설계와도 깊이 연결된다.

결론적으로 인간 사용자에게 '이해 가능한 설명'이란 기술적 사양의 개방이 아니라 사회적 의미와 권리 실현을 위한 도구로서의 설명을 의미하며, 이는 AI 설계 단계부터 철저히 사용자 중심으로 고려되어야 한다.

인터페이스 디자인과 설명 전달 방식

설명 가능성은 단지 알고리즘 모델의 투명성과 해석 가능성만으로 실현되지 않는다. 실제로 사용자가 접하는 것은 '설명된 정보'가 아니라 '설명이 구현된 인터페이스'이기 때문이다. 따라서 설명 전달 방식, 즉 사용자 인터페이스(UI)와 경험 설계는 설명 가능성의 실현에 결정적 역할을 한다.

예컨대 금융 앱에서 대출 불승인 사유가 "신용 점수 부족"이라는 텍스트 한 줄로 전달된다면 이는 설명이라기보다 통보에 가깝다. 반면 해당 점수가 어떤 항목에서 깎였고, 유사한 상황의 사례에서는 어떤 판단이 이루어졌는지 등 구체적인 정보가 시각적으로 제공된다면 사용자는 스스로 결정을 이해하고 대응할 수 있다.

법적 맥락에서 이는 설명의 형식뿐 아니라 '설명의 방식'도 책임 판단의 요소가 되어야 함을 의미한다. 현재의 법체계는 문서, 통지서, 음성 고지 등 다양한 방식의 설명을 허용하고 있으며, 특히 소비자 관련 분야에서는 그 매체가 사용자의 이해도를 고려했는지 여부도 법적 쟁점이 될 수 있다.

AI 시스템이 일상적으로 적용되는 의료, 교육, 공공 서비스 분야에는 시각 장애인, 언어 소외 계층, 고령층 등 다양한 사용자 집단이 존재한다. 이들에게 동일한 기술적 설명을 제공하는 것은 실질적으로 아무런 설명도 제공하지 않은 것과 다르지 않다. 이는 차별적 접근의 문제로까지 확장될 수 있다.

따라서 인터페이스 디자인은 단순한 기술 구현의 문제가 아니라 설명의 법적 정당성, 접근 가능성, 평등한 정보 제공과 직결된 문제다. 설명이 진정한 '설명'이 되려면 그것이 사용자와의 접점에서 제대로 구현되어야 한다.

결국 설명 가능성은 UI/UX 설계와 법적 설명 의무 사이에 새로운 통합적 사고가 필요함을 보여 준다. 기술 설계자, 법률가, 사용자 대표가 함께 참여하는 인터페이스 설계가 필요한 이유다.

상황 맞춤형 설명 vs 일괄적 설명

AI 설명은 모든 사용자에게 동일한 방식으로 제공되어야 할까? 아니면 상황과 맥락에 따라 조정되어야 할까? 이 질문은 설명 가능성을 '정적 규칙'으로 볼 것인지, 아니면 '동적 상호 작용'으로 볼 것인지에 대한 시각 차이를 드러낸다. 오늘날에는 '상황 맞춤형 설명'의 필요성이 점점 강조되고 있다.

예컨대 법률 상담 챗봇이 비전문가에게 판례를 인용하며 설명한다면, 이는 오히려 정보의 혼란을 야기할 수 있다. 이와 달리 동일한 판단 구조라도 사용자의 질문 유형, 사용 경험, 맥락에 따라 예시 중심으로 재구성된 설명을 제공하면 이해도가 높아진다. 설명은 고정된 매뉴얼이 아니라 대화형 구조에 가까워야 한다.

법적으로도 맞춤형 설명의 필요성은 인정된다. 판례

법상 설명 의무는 '상대방의 이해 능력과 상황을 고려하여 충실한 설명을 해야 한다'는 원칙에 따라 평가된다. 이는 의료, 금융, 보험, 소비자 거래 등 다양한 영역에서 일관되게 적용되어 온 해석이다.

AI 설명도 동일한 원칙이 적용되어야 한다. 특히 민감하거나 고위험한 결정(예: 범죄 위험 예측, 기본권 제한, 고용 탈락 등)에서는 사용자의 개별 상황에 맞춘 설명이 제공되어야 한다. 이는 단순한 배려가 아니라 법적 정당성의 요건이다.

다만 맞춤형 설명이 기술적으로 비용과 복잡성을 수반한다는 점에서 많은 기업들은 '일괄적 설명'을 선호하는 경향이 있다. 그러나 이는 실질적으로는 설명의 질적 수준을 포기하는 것이며, 결과적으로 사용자의 권리를 침해하게 된다.

따라서 설명 가능성은 '사용자 맞춤성'이라는 기준을 중심에 두고 설계되어야 하며, 이를 법적 요건으로 반영할 수 있도록 입법적 기준도 정비되어야 한다. 일률적 설명은 설명의 형식을 만족할 뿐 기능적·규범적 의미에서 설명이 아니다.

설명을 통한 신뢰 형성과 그 조건

설명 가능성은 단지 이해를 위한 도구일 뿐 아니라 인간과 AI 시스템 사이에 신뢰를 구축하기 위한 핵심 요소다. 사람은 자신이 이해할 수 있는 체계에 대해 신뢰를 형성하며, 그 체계가 예측 가능하고 설명 가능할 때 비로소 수용 가능성이 높아진다.

특히 공공 서비스나 의료 분야에서 설명을 받은 시민은 설령 결과가 불리하더라도 판단 기준이 납득될 경우 그 결정을 수용하는 경향이 높다. 이는 설명이 단순히 결과를 정당화하는 수단이 아니라 사용자의 권리 감각과 시스템의 공정성에 대한 인식을 동시에 형성한다는 점을 보여 준다.

신뢰 형성의 조건으로는 첫째, 설명이 일관되고 예측 가능해야 한다. 같은 사안에 대해 다른 설명이 제공된다면 오히려 혼란만 가중된다. 둘째, 설명은 오류 가능성에 대한 정보도 포함해야 한다. '모델이 완벽하지 않다'는 점을 투명하게 드러내는 것도 신뢰의 요소다.

셋째, 설명은 되도록 상호 작용적이어야 한다. 사용자로 하여금 질문을 하고 재설명을 요구하며, 피드백을 제공할 수 있도록 설계된 설명 구조는 신뢰를 높이는 가장 효과적인 방식이다. 이는 인간-기계 관계를 단방향이 아닌 대화로 바꾸는 시도다.

법적으로도 신뢰 형성은 설명 가능성의 사회적 정당성 요건으로 작동할 수 있다. 「소비자보호법」이나 「행정절차법」, 형사 사법 절차에서 모두 국가의 공적 발언이나 행위로 인해 형성된 국민의 정당한 신뢰를 법적으로 보호해야 한다는 '신뢰 보호 원칙(trust protection principle)'은 설명과 연동된다. 따라서 설명이 신뢰의 기반을 제공하지 못하는 경우 그 결정은 무효 또는 위법 판단을 받을 수 있다.

XAI는 단지 잘 설명하는 기계가 아니라 사람과 관계를 형성할 수 있는 기술이어야 한다. 이는 인간-기계 상호 작용의 질적 전환을 의미하며, 법도 그 관계의 설계자로서 기능해야 한다.

인간 중심 AI에서 설명은 기능인가 권리인가

AI 설계에서 '설명'은 종종 기술적 기능 중 하나로 간주된다. 즉, 설명을 붙일 수 있으면 붙이고 비용이 많이 들면 생략해도 된다는 식의 사고방식이 지배적이다. 그러나 인간 중심 AI(Human-Centered AI) 패러다임에서는 설명은 기술적 옵션이 아니라 사용자의 권리로 간주되어야 한다.

'설명의 권리'란 단지 알고 싶다는 욕망의 표현이 아니라 자기 결정권, 공정한 대우, 차별 금지, 피해 구제라는 헌법적 가치와 직결된 권리다. 예컨대 설명이 없으면 왜 탈락했는지 모르고 왜 차별받았는지도 알 수 없다. 따라서 설명은 결과에 대한 정당성을 감시하고, 문제 제기의 출발점이 되는 기본 권리다.

법적으로 설명의 권리화는 이미 다양한 영역에서 이루어지고 있다. 환자의 '의료 정보 설명 요구권', 소비자의 '계약 전 정보 제공 요구권', 형사 피의자의 '사유 고지 권리' 등은 모두 설명을 권리로 구성하고 있으며, 이는 AI 시대에도 그대로 확장될 수 있다.

인간 중심 AI는 기술이 인간의 도구일 뿐 아니라 인간의 권리를 실현하는 매개체가 되어야 한다는 발상에서 출발한다. 설명 가능성은 바로 그 권리 실현의 핵심 도구이며, 기술적 부가 요소가 아니라 제도적 핵심 요소로 위치해야 한다.

따라서 AI 설명은 기업의 선택이 아니라 법이 보장해야 할 의무이자 사용자에게 부여되어야 할 권리다. 이 권리를 위해 설명의 수준, 방식, 시기, 내용 등에 대한 법적 기준이 마련되어야 하며 위반 시 명확한 책임도 부과되어야 한다.

결국 설명은 인간 중심 설계의 중심축이며 기능으로 머물 때에는 언제든지 축소되지만, 권리로 자리매김할 때 비로소 사회 전체의 신뢰와 통제 구조를 구축할 수 있다. AI 시대의 설명은 기술을 위한 설명이 아니라 사람을 위한 설명이 되어야 한다.

09
설명의 비용과 현실성: 어느 수준까지 강제할 수 있는가

설명 가능성의 구현은 비용을 수반한다. 특히 고성능 모델일수록 설명 구현이 어렵고 중소기업이나 스타트업에게는 과도한 기술적 부담이 될 수 있다. 이 장은 설명 제공에 따른 비용 구조를 분석하고 고위험과 저위험 AI 간 차등 규제의 필요성을 강조한다.

AI와 기자?

설명 제공에 따른 기술·운영 비용 분석

AI 시스템에 설명 기능을 추가하는 것은 단순한 기술 개발 이상의 비용을 수반한다. 모델 설계 단계부터 설명 가능성을 내재화해야 하며, 이는 더 많은 컴퓨팅 자원, 개발 시간, 검증 단계의 확대 등을 요구한다. 특히 고성능 딥러닝 모델일수록 내재적 설명이 어렵고 외재적 설명 도구(SHAP, LIME 등)를 병행해야 하므로 이중의 기술 부담이 발생한다.

운영 측면에서도 설명은 비용을 동반한다. 예컨대 고객에게 대출 불가 사유를 설명하기 위해선 모델의 판단 로직 외에도 고객별 설명을 생성하고 전달하는 시스템이 필요하다. 이는 인력, 교육, 문서화, 피드백 처리 등 후속 절차를 포괄하며 기업 입장에선 단순한 기술 도입이 아니라 전사적 운영 체계 변경을 요구받는 셈이다.

더욱이 설명은 일회성 기능이 아니다. AI 모델이 업데이트되면 설명도 함께 갱신되어야 하고, 새로운 사용자 유형이나 법령 변경에 따라 설명 체계 전반을 조정해야 한다. 이 모든 과정은 지속적인 유지 보수 비용으로 환산되며, 특히 사후적 책임이 강화될수록 설명의 법적 정합성을 확보하기 위한 컨설팅, 감리, 감사를 병행해야 한다.

이러한 설명 비용은 시스템 설계자뿐 아니라 법무, 리

스크 관리, 윤리 감사 등 조직 전반의 인력 자원 배치를 필요로 하며, 특히 설명의 오류로 인해 소송이 발생할 경우 법적 리스크까지 감안해야 한다. 따라서 설명은 단지 기술이 아니라 전사적 책임 구조의 일부로 작동한다.

비용 분석은 설명 가능성의 한계를 구체화하고, 현실적 제도 설계에 필수적인 요소다. 그러나 비용을 이유로 설명을 포기하는 것은 설명이 갖는 권리성과 규범적 의의를 무시하는 것이며 이는 법적으로 용납되기 어렵다.

결국 설명의 비용은 '설명하지 않음'으로 인한 사회적 신뢰 저하, 소비자 불만, 법적 분쟁으로 인한 손실과 비교하여 판단되어야 한다. 기술적·운영적 비용만으로 설명 제공의 정당성을 판단할 수는 없다.

고위험 vs 저위험 AI에 대한 설명 기준 차등화

AI 기술의 적용 분야는 매우 다양하며 각 분야에서 설명의 필요성과 비중은 다를 수밖에 없다. 의료 진단, 사법 판단, 공공 행정 등 인간의 권리와 생명에 직결되는 분야에서는 설명 가능성이 반드시 요구되어야 하는 반면, 단순 추천 알고리즘이나 개인화 광고 분야에까지 동일한 설명 기준을 적용하는 것은 과도할 수 있다.

EU 「AI법」은 이와 같은 현실을 반영해 AI 시스템을 위험 수준에 따라 분류하고, 고위험 시스템에 한해 엄격한 설명 및 정보 제공 의무를 부과하고 있다. 이는 설명 의무를 모든 기술에 획일적으로 적용하지 않고, 위험 기반 접근 방식을 통해 차등 적용함으로써 기술 현실성과 규범 정당성 간의 균형을 도모하는 사례다.

이러한 차등화는 법적 정당성을 갖기 위해 명확한 기준과 절차를 동반해야 한다. 예컨대 어떤 기준에 따라 AI 시스템이 '고위험'으로 분류되는지, 어떤 설명 항목이 필수로 요구되는지, 사용자에게 어느 정도 정보가 제공되어야 하는지에 대해 법적 명확성을 갖추어야 한다.

또한 설명 의무를 지나치게 고위험 영역에만 집중할 경우, 중위험 · 저위험 AI에 의한 누적적 피해나 구조적 차별 문제는 방치될 수 있다. 따라서 고위험 기준의 엄격화와 동시에 저위험 영역에서도 기본적 설명 요건, 예를 들면 판단 사유 요약, 데이터 출처, 인간 개입 여부 등은 최소한의 기준으로 제시할 필요가 있다.

설명 수준의 차등화는 현실적 조정이지만 그 차등이 기술 기업의 책임 회피 수단으로 남용되지 않도록 법적 감시가 병행되어야 한다. 특히 설명 기준을 스스로 낮추기 위해 위험성을 축소 보고하거나, 설명 범위를 최소화하려는 전략은 법적으로 규제되어야 한다.

결국 설명 기준의 차등화는 '면제'가 아니라 '상황별 정당화'이며, 설명의 질과 형식을 조정하되 설명의 존재 자체를 부정하지 않는 방식으로 입법화되어야 한다.

중소기업과 스타트업의 기술적 부담 문제

설명 가능성은 대기업이나 공공 기관에는 감당 가능한 규제일 수 있지만 중소기업이나 스타트업에게는 과도한 기술적 · 재정적 부담으로 작용할 수 있다. 특히 초기 창업 기업은 AI 모델을 자체 개발하지 않고, 오픈 소스나 타사의 API를 기반으로 서비스하는 경우가 많아 설명의 원천 자체가 불명확한 경우가 많다.

이 경우 기업은 자신이 만든 모델이 아닌 '흑상자 모델'의 판단을 해석하거나 설명해야 하는 이중 부담을 지게 되며, 이는 기술적 불가능성에 가까울 수 있다. 따라서 설명 가능성은 단지 '책임 있는 기술 개발' 요구가 아니라 일정 수준 이상의 기술력과 자본력을 전제하는 요구가 될 수 있다.

법 제도는 이와 같은 불균형을 완화할 수 있는 장치를 마련해야 한다. 예컨대 설명 책임의 범위를 AI 개발자와 사용자 간에 적절히 배분하고, 시스템 공급자에게 설명 가능한 API 구조 제공을 의무화하는 등 '분산된 책임 구조'를 설계하는 방식이 가능하다.

또한 공공 영역에서는 중소기업을 위한 설명 가능성 툴키트, 윤리 가이드라인, 감사 지원 체계를 구축해 비용 부담을 줄이고, 설명 의무 이행을 돕는 지원 정책이 필요하다. 설명 기능이 기술 경쟁력을 높이는 자산이자 리스크 통제 수단이라는 인식이 자리 잡기 위해선 초기 기업이 진입 장벽으로 느끼지 않도록 해야 한다.

그러나 중소기업이라는 이유만으로 설명을 면제하거나 기술적 한계를 이유로 책임을 회피하도록 허용하는 것은 법적 정의와 형평성에 반한다. 특히 AI로 인한 권리 침해는 피해자 입장에서 중소기업이든 대기업이든 동일한 결과를 낳을 수 있다.

결론적으로 법은 기술력의 차이를 고려하여 유연하게 접근하되 사용자에 대한 설명권은 철회 불가능한 기본 원칙으로 보장해야 하며, 그 방식과 범위에서 조정 가능성을 열어 두는 정책 설계가 요구된다.

사용자에게 유의미한 수준까지의 설명 범위 설정

설명은 단지 존재하는 것이 아니라 '유의미해야' 한다. 법적으로 '유의미한 설명'이란 사용자가 그 정보를 바탕으로 판단을 재구성하거나 문제 제기를 할 수 있을 정도의 구체성과 명료성을 갖춘 정보를 의미한다. 다시 말해 결과에 대응할 수 있는 수준의 설명이 제공되어야 한다.

그러나 이 기준은 기술적으로나 정책적으로도 불분명한 개념이다. 설명이 너무 추상적이면 무의미하고 너무 기술적이면 이해 불가능하다. 따라서 법은 설명의 수준과 범위를 구체적으로 설계해야 하며, 설명 가능성의 본질을 '이해 가능성'과 '대응 가능성'이라는 실질 기준에서 해석할 필요가 있다. 예컨대 AI 채용 시스템에서 "적성 점수가 낮아 탈락함"이라는 설명은 원인 제공의 효과가 없지만 "이전 경험의 기술 키워드가 부족했고, 유사 지원자의 통계적 합격률 기준에 미치지 못했음"이라는 설명은 비교 · 대응 가능성을 제공한다. 이와 같은 설명 수준이 법적으로 요구되어야 한다.

또한 설명은 '범위 제한'이 필요하다. 모든 내부 구조를 공개하거나 알고리즘 코드를 설명할 필요는 없다. 그보다는 판단에 결정적 영향을 미친 요소, 인간 개입 여부, 오류 가능성, 데이터 유형 정도를 기준으로 한 '핵심 요소 중심의 설명'이 적절하다.

설명 범위의 설정은 개인 정보, 영업 비밀, 보안 우려 등과 충돌할 수 있으므로 법적 조화가 중요하다. 이를 위해서는 설명 가능성과 비공개 사유의 경계를 명확히 하고, 설명 요건의 최소한을 규정하는 일반 규범이 필요하다. 요컨대 설명은 '다 설명하는 것'이 아니라 '필요한 만큼 설명하는 것'이며, 이는 사용자의 권리 실현을 최우선 가치로 삼는 기준을 통해 구체화되어야 한다.

설명 강제의 경제적 한계와 사회적 정당성

설명을 법적 의무로 강제할 때 필연적으로 경제적 한계가 존재한다. 기술적 구현이 어려운 경우도 있지만 기업의 비용 부담, 시장 경쟁 저하, 기술 혁신 지연 등의 부작용도 우려된다. 이러한 현실은 설명 가능성 규범이 무조건적으로 확대되기 어려운 이유이기도 하다.

그렇다면 설명 의무를 어디까지 강제할 수 있을까? 이는 단지 비용 문제를 넘어 '사회적 정당성'의 문제로 전환되어야 한다. 다시 말해 어떤 설명은 단가와 무관하게 반드시 제공되어야 하는 공익적 성격을 지니며, 이는 사적 비용을 넘어 공적 책임으로 설정할 수 있다는 관점이다. 예컨대 공공 행정, 의료, 교육, 신용 등 사회적 결정이 AI를 통해 이루어지는 경우 해당 설명은 헌법상 권리 실현과 직결되며, 이는 경제적 부담 여부와 관계없이 반드시 보장되어야 한다. 이는 설명이 단지 규제 대상이 아니라 공적 인프라의 일부로 기능해야 함을 의미한다.

설명 의무가 경제적으로 과도하다면 국가가 일부 책임을 분담하는 방식도 가능하다. 예컨대 설명 구현 기술의 공공 개발, API 툴키트 무상 제공, 규제 샌드박스를 통한 단계적 도입 등은 시장의 자율성을 보장하면서도 규범적 기준을 유지할 수 있는 방식이다.

설명 의무는 비용 논리로만 다뤄질 문제가 아니다. 민주 사회에서 정보에 기반한 자기 결정은 단가를 따질 수 없는 기본권적 가치이며 설명은 그 전제 조건이다. 따라서 경제적 한계를 고려하되 설명 가능성의 사회적 정당성을 최우선으로 두는 법 · 정책 설계가 요구된다.

결국 법은 설명 의무를 '정책적 선택'이 아니라 '정의의 구성 요소'로 규정하고 그 이행을 위한 사회적 투자를 아끼지 말아야 한다. 설명은 비용이 아니라 권리를 위한 구조다.

10
설명 가능성 이후: 책임 사슬, 데이터 투명성, 거버넌스로 확장하기

설명 가능성은 AI 규범의 출발점이지 종착점이 아니다. 설명을 넘어서 책임 추적성, 학습 데이터 공개, 시스템 감시, 독립적 감독 기관, 시민 참여형 알고리즘 거버넌스 등 제도적 확장을 제안한다. 설명이 기술적으로 한계에 봉착할 때 시스템 수준의 통제가 필요하다.

AI와 미래 의사?

설명에서 책임 추적성으로

설명 가능성은 AI 시스템의 결과를 이해하는 출발점이지만 법적 책임을 묻기 위해서는 보다 깊은 층위의 '책임 추적성'이 필요하다. 이는 결과 중심의 설명을 넘어서 AI 개발·운영 과정 전반에 걸친 책임의 흐름을 기록하고 규명할 수 있어야 한다는 요구다.

책임 추적성은 입력 데이터의 출처, 모델 개발의 의사결정, 알고리즘의 버전 변화, 시스템 운영 중 발생한 수정·보완 조치 등의 모든 이력을 투명하게 남기는 것을 의미한다. 이 과정은 단지 사후 설명을 위한 것이 아니라 예방적 통제를 위한 기반이기도 하다.

법적 책임을 판단할 때 단순히 "누가 설명했는가"보다 "누가 판단을 가능케 했는가", "어떤 기준으로 개발되었는가"가 더 중요하다. 따라서 책임 추적성은 행위자 간의 연결 고리뿐 아니라 시스템의 구조적 연쇄를 드러내는 규범적 도구다.

EU「AI법」은 이 개념을 '기술 문서화 요구'로 구현하고 있다. 고위험 시스템은 학습 데이터, 모델 선택, 리스크 평가 등의 문서화를 의무화하며 이를 통해 책임 소재를 명확히 한다. 이는 단순한 설명 가능성을 넘어 구조적 책임 시스템을 지향하는 전환이라 할 수 있다. 국내 법제도 이러한 책임 추적성 개념을 명문화할 필요가 있다. 특히 민사 책임 구조에서 고의 · 과실 여부를 규명하기 위해 필요한 증명 책임의 배분 문제가 등장하며, 그 근거 자료가 되는 것이 바로 시스템의 추적 기록이다.

결국 설명 가능성은 '결과 해명'이고, 책임 추적성은 '구조 해명'이다. 전자는 권리를 위한 이해를 보장하고, 후자는 법적 판단을 위한 인과 관계를 확립하는 것으로 AI 규제 체계는 이 둘을 통합해야 한다.

알고리즘 감시를 위한 독립 기관 설계

AI 시스템의 영향력이 커질수록 그것을 감시하고 책임을 물을 수 있는 독립적 기관의 필요성이 제기된다. 이는 자율 규제의 한계를 넘어서 알고리즘의 위험성과 사회적 영향력을 사전에 감독하고 사후 평가할 수 있는 공공 감시 체계의 구축이 필요함을 뜻한다.

유럽에서는 EU 「AI법」에 따라 각국 감독 기관과 EU 내 중앙 조직(European AI Office)을 통해 감시 기능이 분산적이면서도 통합적으로 구성될 예정이다. 이 기구는 고위험 AI의 인증 심사, 기술 문서 검토, 민원 접수, 시장 감시 등의 기능을 수행하며 실질적인 권한을 부여받는다.

미국은 FTC가 중심 역할을 수행하고 있으나 AI 전담 감시 기구 설립까지는 이루어지지 않았다. 이에 따라 여러 학계 및 시민 사회에서는 독립적인 AI 감시 기구의 필요성을 지속적으로 제기해 왔다. 일본 또한 'AI 윤리 센터'와 같은 민관 협력형 모델을 실험 중이다.

우리나라의 경우 현재는 공정거래위원회, 개인정보보호위원회나 방송통신위원회 등 관련 부처가 분산적으로 역할을 수행하고 있으나, 알고리즘 중심 사회로의 전환에 대비한 통합적 감시 기관 설계는 미흡하다. 특히 설명 가능성과 투명성 확보를 위한 사전 심사 기능이나 감리 제도는 존재하지 않는다.

독립 기관은 단지 규제 기관의 역할을 넘어서 기술 중립성과 인권 감수성을 동시에 확보한 전문 기구여야 한다. 이를 위해 법률가, 데이터 과학자, 윤리학자, 시민 대표 등이 함께 참여하는 다학제적 위원회 구성이 중요하다.

설명 가능성은 개별 기업의 기능이 아니라 공공의 감시 체계를 통해서야 비로소 사회적 실현력을 가지며, 그 제도적 기반으로서 독립적 감시 기관의 설계는 필수다.

학습 데이터 세트의 공개 및 설명 요구 제도

AI 시스템의 판단력은 대부분 학습 데이터에 의해 형성된다. 따라서 설명 가능성을 실현하기 위해서는 모델의 작동 원리뿐 아니라 '무엇을 학습했는가'에 대한 설명이 병행되어야 한다. 이는 학습 데이터 세트의 공개와 설명 요구 제도라는 새로운 영역의 규범화를 의미한다.

EU 「AI법」 제10조는 '데이터 및 데이터 거버넌스' 조항에서 학습 데이터의 품질, 다양성, 편향 방지, 문서화 등에 관한 의무를 부과하고 있으며 이를 위반할 경우 고액의 행정벌이 가능하다. 여기서 데이터 세트의 '설명'은 단지 존재를 알리는 것을 넘어 데이터의 출처, 구성, 삭제 이력 등을 명확히 기술해야 한다.

그러나 기업 입장에서는 데이터 세트의 공개가 영업비밀 보호와 충돌할 수 있으며, 개인 데이터가 포함된 경우 개인 정보 보호와의 균형도 요구된다. 이 문제를 해결하기 위해 일부 국가는 '설명 가능한 수준의 데이터 공개'와 '비공개 이유 설명'을 병행하는 방식으로 규제를 설계하고 있다. 법적 장치로는 '설명 요청권'이 필요하다. 사용자는 AI 시스템의 결과에 이의를 제기할 수 있어야 하며, 이를 위해 학습 데이터의 주요 구성 정보와 처리 방식에 대한 설명을 요구할 수 있어야 한다. 이는 단순한 투명성 확보를 넘어 사후 구제권 행사의 전제 조건이다.

우리나라에서도 학습 데이터 공개에 관한 법적 논의는 시작 단계에 머물러 있다. 특히 공공이 보유한 데이터 세트에 대해서는 적극적인 공개와 설명 의무를 제도화함으로써 민간의 기준을 선도할 필요가 있다. 또한 민간에도 일정 기준 이상의 AI에 대해서는 학습 데이터 문서화 요건을 부과할 수 있다.

결국 XAI는 학습 단계부터 투명하고 정당하게 구성된 데이터에 기반할 때 실현 가능하다. 설명 가능성을 넘어 설명 가능한 데이터 체계가 필요하며, 이는 데이터권(data rights)의 핵심 내용이기도 하다.

설명 중심 규제에서 시스템 감시 기반 규제로의 전환

기존의 설명 중심 규제는 사용자에게 특정한 정보를 제공함으로써 자율성과 권리 행사를 가능하게 하는 방식을 택했다. 그러나 복잡화된 AI 시스템에서는 설명 자체가 한계에 부딪히는 경우가 많고, 사용자의 기술적 이해 가능성도 제한적이다. 따라서 설명을 보완하는 시스템 감시 기반의 구조적 규제로 전환이 요구된다.

시스템 감시 기반 규제는 알고리즘의 투명성, 설명 가

능성, 공정성 등을 외부 기관이 사전에 점검하고 사후에 평가 · 감시하는 제도다. 이는 「개인정보보호법」에서의 '영향 평가(impact assessment)' 모델이나 금융 감독에서의 '내부 통제 제도'와 유사한 구조다.

대표적으로는 'AI 감사(AI audit)'가 있다. 이는 알고리즘 설계, 데이터 구성, 작동 방식, 오류 처리 방식 등을 외부 전문가가 감사하고, 그 결과를 공표하거나 감독 기관에 보고하는 방식이다. 특히 고위험 AI에 대해 사전 감사 제도(pre-audit)를 도입하는 것은 EU 「AI법」에서 중심 제도로 도입되었다.

법적으로 이러한 감시 기반 규제를 정당화하려면 기업의 사적 자율성과 공익 간의 균형이 필요하다. 특히 AI가 공공적 결정(의료, 금융, 교육, 사법)에 직접 영향을 미치는 경우, 외부 감시와 감독은 단지 가능이 아닌 필수 요건이다.

시스템 감시 중심 규제는 설명을 보완하거나 대체하는 장치가 될 수 있다. 설명이 제한된 경우에도 시스템 감시를 통해 문제를 사전 예방하거나 사후 대응이 가능해진다. 이는 기술적 복잡성과 법적 책임의 간극을 메우는 중간 지점으로 기능한다.

설명 가능성이 인간 사용자 중심 규범이라면, 시스템

감시는 시스템 설계자에 대한 통제 규범이다. 둘은 상호 대체재가 아니라 결합되어야 할 규제 전략이다.

시민 참여형 알고리즘 감시 거버넌스 구축 방안

AI 시스템이 사회 전반에 영향을 미치는 시대에는 알고리즘 감시에 시민이 참여할 수 있는 구조가 마련되어야 한다. 이는 감시 권한을 정부나 전문가 집단에만 집중시키지 않고, 시민 사회와 이해관계자들이 제도적 통제 과정에 실질적으로 참여하게 하는 거버넌스 모델을 의미한다. 대표적인 사례는 뉴욕시의 「알고리즘책임법(Local Law 49 of 2018)」으로, 알고리즘이 시민의 권리와 삶에 미치는 영향을 고려하여 행정 기관의 자동화 시스템에 대해 외부 시민 자문단의 점검을 의무화하고, 편향성 평가, 감사 권고, 사용자 피드백 수집을 제도화했다. 이는 설명 가능성을 민주적 감시 체계와 연결한 첫 사례로 주목받았다.

시민 참여형 거버넌스는 AI 개발 과정에서 시민의 사전 의견을 수렴하거나 서비스 적용 전 영향 평가에 시민이 참여하고, 사후 감시 · 감독에도 시민 패널을 구성하는 방식으로 실현될 수 있다. 이는 기술적 통제를 넘어서 '사회적 통제'가 실현되는 구조다. 법적으로는 시민 감시를 정당화하고 실효성 있게 운영하기 위해 법률상 감시권 부여, 투명성 확보, 정보 접근권 보장, 시민 위원회의 법적 지위 명시 등이 필요하다. 단순한 자문이 아니라 실질적 권한을 부여받은 참여 기구의 설계가 중요하다.

또한 시민 참여는 일회성 이벤트가 아니라 상설 거버넌스 구조로 설계되어야 하며, 특히 데이터 주권, 알고리즘 차별, 기술 리터러시 등 시민 역량 강화를 위한 교육과 훈련 프로그램이 병행되어야 한다. 기술 민주주의는 제도화된 참여 없이는 실현될 수 없다.

설명 가능성의 미래는 더 이상 기술로 환원될 수 없다. 설명은 공동 통제의 출발점이며 설명 이후에는 감시와 참여, 시스템 수준의 공동 통제 체제가 구축되어야 한다. 시민 참여형 알고리즘 감시 거버넌스는 그 제도적 종착점이자 미래를 향한 설계도다.

김윤명

디지털정책연구소(DPI) 소장이다. 남도의 니르바나, 땅끝 해남에서 태어났다. 광주 인성고등학교와 전남대학교 문헌정보학과를 졸업하고 경희대학교에서 지식재산법을 전공해 박사학위를 받았다. 현재 세종사이버대학교에서 정보보호학을 공부하고 있다. 네이버에서 정책수석을, 소프트웨어정책연구소(SPRi)에서 소프트웨어와 인공지능 법제 연구를, 국회에서 보좌관을 맡아 입법과 정책을 다루었다. 이재명 경기도지사 캠프와 인수위인 새로운경기위원회, 그리고 이재명 대통령후보(20대, 21대) 캠프에서 활동했다. 대통령소속 국가지식재산위원회 AI-IP 특위에서 AI 시대에 변화하는 지식 재산의 지형을 함께 그렸다. 경희대학교 법무대학원에서 'AI법'을, 전남대학교 데이터사이언스대학원에서 '데이터사이언스 법과 윤리'를 강의하며 다음 세대를 준비하고 있다. 《블랙박스를 열기 위한 AI법》은 교육부 우수학술도서로, 《게임법》, 《게임서비스와 법》, 《인터넷서비스와 저작권법》은 문화체육관광부 세종도서(우수학술도서)로 선정되었다. 시를 짓고 사진을 찍는다. 두 아이의 강하중학교에서 발간한 시집 《나에겐 비도 맛있다》에 몇 편의 시를 담았다. 아내와 아이들, 그리고 시고르자브종 리카와 밴, 동네 골목, 바람과 하늘, 꽃과 나무 등 세상의 모든 숨결이 렌즈에 깃든다. 사람들의 짠하고도 아심찬한 풍경을 기록한다. 시집을 내고 사진 갤러리를 여는 것이 꿈이기도 하다. 집 안에 '도서관N'을 세웠다. 정사서 1급 자격증을 가지고 있지만 도서관장은 아내다. 'N'은 네이버와 한게임의 합병법인 NHN(Next Human Network)에서 따온 'Next'를 의미한다. "도서관엔(N) 뭐가 있을까? 도서관엔(N) 길이 있지! 도서관 다음엔(N) 뭘 만들지?" 이런 장난스러운 물음 속에 세상을 향한 다음 걸음을 품는다. 언젠가 모두를 위한 더 큰 도서관N을 짓겠다는 꿈을 품고 있다. AI를 비롯한 디지털 법제와 정책을 연구하기 위해 양평에 '디지털정책연구소'를 세웠다. 인연은 digitallaw@naver.com을 통해 이어질 수 있다.